文化家山

玉林萝村

曹美兰 著

漓江出版社
·桂林·

图书在版编目（CIP）数据

文化家山：玉林萝村 / 曹美兰著. -- 桂林：漓江出版社，2025. 3. -- (广西村落文化丛书). -- ISBN 978-7-5801-0201-0

Ⅰ. K296.75

中国国家版本馆 CIP 数据核字第 2025VL0902 号

文化家山——玉林萝村

WENHUA JIASHAN——YULIN LUOCUN

作　　者　曹美兰

出 版 人　梁　志
项目统筹　何　伟
特约编审　宋安群
特约组稿　廖明君　庞　白　胡小安
项目协调　霍　丽　黄　圆　吴　桦
责任编辑　霍　丽
装帧设计　周泽云　曾　意
营销编辑　陈　睿　于媛媛　俞方远
责任监印　杨　东

出版发行　漓江出版社有限公司
社　　址　广西桂林市南环路 22 号
邮　　编　541002
发行电话　010-85891290　0773-2582200
邮购热线　0773-2582200
网　　址　www.lijiangbooks.com
微信公众号　lijiangpress

印　　制　广西民族印刷包装集团有限公司
开　　本　880 mm × 1230 mm　1/32
印　　张　7　插页 1 页
字　　数　135 千字
版　　次　2025 年 3 月第 1 版
印　　次　2025 年 3 月第 1 次印刷
书　　号　ISBN 978-7-5801-0201-0
定　　价　38.00 元

在白水岭下，在斗口河边，那些被时光之手拂过的古宅、古树、古井……如同我见过的梦村人，永在我心间。

曹美兰

萝村示意图

千年古荔枝树
文嘉堂
青松书院
序伦堂
玖人祠
云山寺
知足庄
古城墙
树桂堂
乔林堂
嘉积堂
云峰祠
古炮楼
陈柱故居
大夫第
镬耳楼
锡门祠
乡林祠
益兴堂
无锡国专
旧址
宗鲁府
辅邦祠
禄田故居
二凡楼
古戏台
统领楼
绿竹居
胪云堂
状元井
济川祠
进士屋
新益组
冯氏宗祠
良田组
★萝村小学
林氏宗祠
新兴堂
长坡头组
隧园
萝村游客服务中心
指月楼古庄园
指月组
★萝村村委会

黄璐霜 / 绘

萝村小传

萝村地处玉林北流中部，背靠桂东南第一高峰大容山之余脉白水岭，村前一马平川，遍种庄稼；周围山丘起伏绵亘，如网格状，被誉为“网地”，故称萝村。

萝村入选首批中国传统村落名录，是广西历史文化名村、广西特色文化名村，其历史可溯至明朝，建村时间超过570年。村落集古树、古寺、古堡、古宅、古祠、古巷、古桥、古井、古壁画于一身，既是中国南方明清时期乡村民居建筑的典型，又是有着深厚历史底蕴和丰富文化内涵的岭南文脉重地。

萝村的耕、读、诗、礼等优秀传统文化在世世代代中流传下来并长盛不衰。尤其“读书”二字，在萝村有着千钧之重。明清期间，若以村为单位，萝村考中进士、举人的数量在桂东南地区居于前列。

抗战时期，无锡国学专修学校曾迁至萝村，于此山村中坚持办学两年，学生从数十人增至两百多人，形成一幅流离乱世中坚持读书的动人图景。一批文化名家如王桐荪、钱仲联、蒋石渠、饶宗颐、郑师许、巨赞法师等莅临授课，中国山水画大师黄宾虹在访问陈柱、冯振期间展开艺术创作，萝村由此被写入中国现代教育史、艺术史。文化之萝村，为山河添色。

总　序

广西壮族自治区地域广阔，山海相望，河流纵横。在这片南疆大地上，各族人民融洽相处、团结一致、积极用世，共同建设栖居之地和精神家园，形成诸多迄今为止仍全部保留或部分保留着农耕文明基因的村寨及乡镇。以农民为主体的乡土文化，与精英文化、市井文化长期互相依存，在孕育各具形态的社会生活的同时，各美其美，互相映耀，成为建构光辉灿烂的中华文化的丰富资源，承载着国人共同的历史记忆。逢此盛世，包括少数民族文化在内的乡村文化，劲挺焕发出蓬勃的朝气和活力，与城市化的进程同步，在继承往日传统的基础上，依据自身当下的条件，不息创设着具有自己特色的文化生活，呈现出生机勃勃和丰富多彩的文化事象。

在广西壮族自治区党委的领导下，经过多年努力，包括传统民居在内的广西大量历史建筑得到较好保护，形成了规模较大、内容和价值较丰富、活态传承的农耕文明遗产保护群。截至 2024 年，广西入选国家级、自治区（省）级“传统村落”“历史文化名镇名村”“少数民族特色村寨”“美丽休闲乡村”等名录的村落，合计超过 800 个（次）。这些具有地域特点、民族特色的乡土村落，是广西优秀文化的一部分，是中华民族共同体的瑰宝，是值得继续传承、有待不断开发的物质资源和精神资源。

习近平总书记先后指出，“乡村文明是中华民族文明史的主体，村庄是这种文明的载体”，“乡村振兴，既要塑形，也要铸魂”。重塑乡土文化，建设乡村精神家园，筑牢乡村振兴之根，确保乡村社会的持续稳定发展，既有重要意义，也是现实需要。

为贯彻落实党的二十大精神和习近平文化思想，广西壮族自治区党委宣传部指导策划，广西出版传媒集团组织漓江出版社的编创团队出版“广西村落文化丛书”，重点对广西村落的发展历史、建筑风貌、民居样态、民众生产生活方式、文化艺术结晶和民族地域特色等进行系统梳理，挖掘、整理蕴含在村落中的最具感染力、传播力的文化元素。本丛书被列入广西优秀传统文化出版工程，以区内20个秉具特色的村落为载体，书写中华文明史上的广西篇章、广西故事。

“广西村落文化丛书”推出的村落，基本上是迄今为止仍全部保留或部分保留着农耕文明基因的村寨或乡镇。所谓特色，指承载有乡土文明、地理特点、民族特性、历史意义，以及物质、社会和精神文化优秀传统的特征。这些特征涵盖了历史、政治、经济、教育、文化、自然、地理等方面，以及与此相关的发展脉络、山水风光、村落景象、公共设施、历史人物，乃至具体的商埠、街巷、建筑、物产、民俗、节庆、歌谣、饮食、服饰等，对它们的书写都是挖掘“村落文化”的题中应有之义。不同地域的物产资源与气候条件，决定着不同地域适宜人居的村落形制；不同的民族村落，又折射出不同民族的文化精神与审美情趣。

本丛书遴选的村落，覆盖广西14个设区市，涵括广西的四大古镇，包含汉、壮、侗、苗、瑶等多个民族特色村寨，选入少量独具广西特色的仫佬族、毛南族、京族村落，同时兼顾文旅基础好、广西文旅部门重点打造的村落。为踏实求真地完成这套丛书，作者们大量查阅典籍、方志，多次实地调研、访谈，多以“准史志”的严谨文字来写作，偶有散文笔调的呈示，也意在使史实的叙事轻快鲜活，为读者理解文本而创设情境。诚然，20个村落的丛书叙事难说全方位地反映了广西村落文化面貌，但由于每个村落都是一个“小世界”，其形貌、特性各有不同，故一定程度上仍可说，丛书不啻是广西异彩纷呈的地域文化和民族村落特色的缩影。因之，这些村落就不只是某个市县的地理乡镇，也不只是某个作者个体视角的村落印象，而是基于现实的记史、纪实的乡土影像，是包含了地理环境、历史脉络、文化积累和当下关注的宏大画卷。

本丛书兼顾历史性和当下现实关怀，既溯及村落们的过往，也描绘其当今的发展状况，蕴含着浓烈的时代精神，呼应了习近平总书记关于乡村振兴的战略思想。广西广大农村的各族群众长期居于乡村，他们热爱乡村、建设乡村，乡间一切物质与精神的积淀，更是注入民众血肉和灵魂的所在。凡是能够世代流传直至今日的良好的村落文化事象，必然是符合民意民情、具有强劲生命活力的，其赓续的功效，无疑地，既体现在精神层面，也体现在物质层面。新时代乡村的建设者，或可从中收获宝贵而又可靠的经验。

目录

前言

滔滔北流河，从云开大山双孖峰下、广西玉林北流市平政镇上梯村发源，蜿蜒北流，60 千米后穿过北流市区，成为圭江，继续向北，一路汤汤，义无反顾地汇入西江，奔向茫茫南海。

萝村是北流河流域的一颗明珠。超过 570 年的建村史中，萝村人在勤恳耕耘这方土地的基础上，一方面源源不断地走向更广阔的世界，一方面也将世界带回村里，具化为属于萝村的精神。据清光绪版《北流县志》载，历代萝村人功名迭出，至光绪年间，进士、举人、贡生、监生、文武秀才不下 100 人，历代出七品至从一品为官者将近 30 人，其中在朝为官有 8 人。到了 20 世纪 30 年代，已有包括陈柱在内的众多学子学成在外。

因着北流河，北流一向与历史文化名人缘分颇深。东晋求作勾漏（北流）县令的道学家葛洪来到北流炼丹，著下《抱朴子》；唐朝宰相杨炎被贬崖州，过鬼门关时写下“崖州何处在，生度鬼门关”；北宋苏东坡被贬惠州，在北流河上岸，过鬼门关时写下“自过鬼门关外天，命同人鲊瓮头船”；明代旅行家徐霞客在《粤西游日记》中记载：“北流之东十里，为勾漏山；北流之西十里，为鬼门关。二石山分支耸秀，东西对列……”至于元明清的诗人官员路经北流，也常有诗文记录。

而在与苏东坡相遇800多年、与徐霞客相遇300余年之后的1938年，在隆隆战火中，北流迎来一群来自五湖四海的大师学子。他们一路南下，自无锡而武汉、长沙、桂林，最后逆水而行，来到了北流河畔，来到了萝村。这里位处深山，无疑是躲避战火侵扰的安身之地；宽敞的祠堂房舍，恰好可以安放下一张张书桌。

“北有清华国学院，南有无锡国专。”无锡国学专修学校时为著名的国学高等学校，常简称为“无锡国专”或“国专”。西迁的国专又被称为国专桂校。星星之火，可以燎原，国专师生从江南到桂北，再从桂北到桂南，带动和影响了当地的读书风气。

资料显示，抵达北流的无锡国专，学生最初在40至50

人之间，后来发展到 200 多人。老师们来自全国各地，操着不同的口音。而在不同口音中，一个操着本地口音的中年男子格外引人注意——那是代理校长冯振。冯振系北流山围人，他临危受命，不负重托，殚精竭虑，在眼见国专越发艰难之际，他把学校带到北流。先是在自己的老家山围村办学，后因山围村校舍无法满足教学需求，又在同乡好友陈柱的支持下，把学校搬迁到陈柱的老家萝村。

陈柱，北流萝村人，和冯振同样出身书香门第。两人没有在家乡相识，而相识于上海。陈柱比冯振年长八岁，两人一见如故。从最初的休假之日偶尔相见，到两人成为国学大师唐文治受业弟子时的朝夕相处，切磋的机会由少变多，友谊更是与日俱增。后来的陈柱和冯振，一个成为国学大师、诗人、散文家、教育家，一个成为作家、诗人、教育家，他们都是中国文化星空中灿烂的星。

萝村因为无锡国专的到来，迎来了诸多名家。王桐荪、钱仲联、饶宗颐、郑师许、巨赞法师、蒋石渠……这些名家大师先后来到北流，在无锡国专山围村和萝村办学点授课；更有中国近现代山水画大师黄宾虹，与好友陈柱吟诗唱酬，在北流写意山水，留下《勾漏山图》《斗口河》等画作……一串串闪光的名字，培铸了这个岭南村落让人肃然起敬的“读书之魂”。

当我在萝村的一次次行走时，透过国专旧址、陈柱故居、千年荔王、陈锡门祠、陈辅邦祠、益兴堂、古城墙、古炮楼、进士屋、云山寺、樟山园、池塘、小巷……我似乎看到了一个更丰富的萝村。萝村人无疑是朴素的，他们把读书看成最重要的事，也是世世代代都要做的事，留下了“积钱不如积书”的祖训。一个个读书的故事，一座座饱含书香的书院、充满回忆的藏书楼，一座座淋透了历史风雨的古建筑，一棵棵饱览人物风云的古树，不仅仅是萝村历史文化的印记，更是中华文化传承的重要切片，是中华文明生生不息的显性与隐性基因之所在。

大容山巍巍，北流河悠悠。在家园河山的哺育下，陈文昌、陈绳虬、陈柱、陈一百、陈奇妙、陈光伟、陈树仁……一个个闪耀的名字，让“萝村”成为中华大地上一个清晰的存在；而第一批中国传统村落、第一批广西历史文化名村、广西特色文化名村、广西民族特色村寨、玉林市特色岭南文化名村……这一连串荣誉，熠熠生辉，萝村因此名传四方。

十万卷藏书楼

▼藏书楼是陈开桢和陈柱父子立志存书十万卷的地方，曾经的藏书也许早已超过十万卷。如今，这些书都已不在这里。

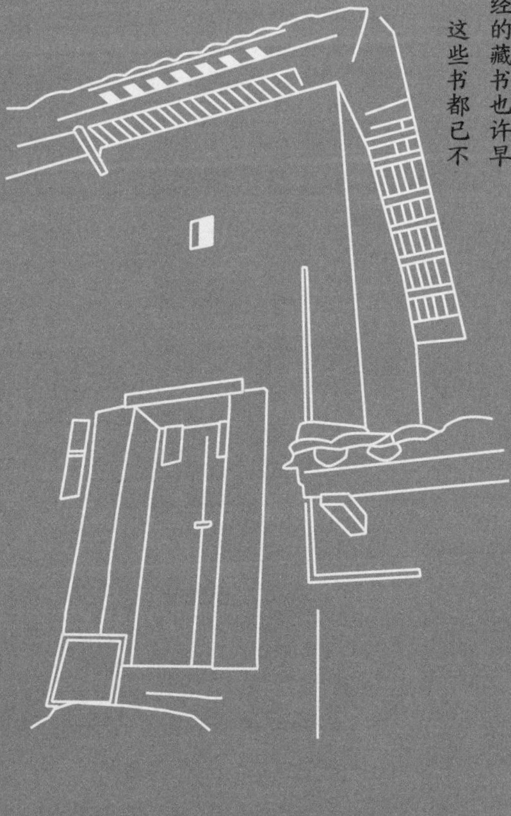

萝村全貌，背后是白水岭，
远处是大容山
刘军／摄

大容山下白水岭

北流河发源于北流市平政镇上梯村与沙垌镇交界处的云开大山双孖峰。河水自双孖峰下流出，大约 65 千米后绕过民乐镇流经民安镇。民乐镇境内的北流河支流民乐河（流经萝村段又称斗口河）在民安镇汇入北流河。在民乐镇政府驻地西北大约 14 千米处，有一座巍巍大山，名曰大容山。大容山南面，广昆高速北流互通枢纽北面，斗口河左岸，有一座坐北朝南的山叫白水岭，属大容山余脉，从民乐圩远远看去，白水岭像一枚巨大的扇贝，萝村就藏掖在扇贝的腹部，而斗口河则成了这枚扇贝的扇弧。

如今的萝村早已褪去交通不便的标签。从村前往东南方向 3 千米，为民乐镇；往南方向 7 千米，为北流城区；往西南方向 19 千米，为玉林市玉州区城区；离广昆高速公路北流出入口仅 1 千米；离玉林高铁站（玉林北站）11 千米。进入广西大容山自治区级自然保护区、国家 AAAA 景区大容山国家森林公园的二级公路就从村中穿过。北流市人民政府将萝村规划纳入到了《广西大容山森林生态文化旅游示范区建设规划》中的一个重要环节进行建设，大容山国家森林公园是广西森林旅游开发的龙头。每年进森林公园游玩、露营、研学等的人数达到 50 万人次左右，对萝村的辐射、分流作用非常大。

千百年以降，萝村在白水岭下这方土地生生不息，人才辈出。据 1935 年版《北流县志》记载，科举制度时期（宋、元、明、清），北流县籍人考中进士 28 人，举人 255 人，诸贡 273 人。而萝村陈氏自始祖陈楠以来，共出进士 4 名，举人 12 人，贡生 20 人，监生 10 人，文秀才 65 人，武秀才 11 人；历代均有为官者：从一品官 1 人，四品官 1 人，五品官 7 人，六品官 7 人，七品官 12 人，其中共有京官 8 人。到了当代，更有一大批知名专家、教授、学者、诗人、作家、高级工程师等脱颖而出，享誉业界。村中尚学之风浓郁，据统计，截至 2024 年，已有大专以上学历者 369 人，其中获博士学位者 12 人，硕士学位者 29 人，留学生 29 人。出版有专著文集的专家、学者、诗人 37 人，出版的专著及各种文集、书籍近 200 部，其中陈柱著述尤丰，出版专著 130 多部，影响深广，可说是著作等身。

山雄水美，人杰地灵。这是人们对萝村的一个判断。

萝村有 20 个姓氏，陈姓是其中之一。而萝村之名的由来，是说萝村北面背靠桂东南最高峰大容山之余脉白水岭，山形犹如网状，村前一马平川，遍种庄稼，庄稼地再往前有若干个小山丘，起伏绵亘，如网格状，故被人誉为“网地”，好似一张罗网保护着村庄平安发展，所以称为罗村。除有人说，整个萝村如一张巨大的罗网，还有人说，萝村的形状如一面金锣。罗网也好，金锣也罢，萝村里的文化人最终取其山清水秀之意，正式命名为萝村。

清光绪版《北流县志》载：“云山寺在萝村东，明崇祯十五年置钟鼓。”由此可知，明崇祯时期萝村已有人居住。冯姓和侯姓，是较早入籍萝村的住户。以此推算，萝村于明代中期甚至更早便有人开发居住了，居住历史超过了570年。至于北流的名门望族萝村陈姓，始祖陈楠，原籍浙江省台州府天台县白石乡，南宋绍熙年间（1190—1194年）举人，丙午进士，官北流县知县而落籍北流。原本陈姓在今北流城区陵宁街居住，明崇祯年间，因住地建县衙门，大部分陈姓迁居萝村。

关于陈氏迁居萝村的缘由，萝村陈氏族谱有详尽记载：明朝崇祯皇帝曾派曾鸿道等数人，巡视广西各地县衙，认为北流县古城不适合建立县衙门，只有萝村祖屋（现在的北流市政府办公地）适合建立县衙，曾鸿道与继宗公（即陈氏落籍广西北流的第十代子孙）商量，愿以萝村龙地一块对调。当时崇祯皇帝下圣旨一道，并开金口云：有日北流城，有日萝村陈。用北流话说就是，有北流城的一天繁华，就有萝村陈的一天好生活。是故陈氏高高兴兴地搬家。对先祖经历“传奇化”在中国各地的族谱中并不罕见，萝村陈氏族谱亦如是。但当时在县衙内，还葬有萝村陈古陵祖墓一穴，说明萝村陈氏到广西的前十代子孙的居住点就是今天的北流市政府所在地附近应大致属实。

总之，陈姓族人迁到了萝村，这个家族自此开枝散叶。族人有在京城及各地仕任者，有成为文坛、学界精英者，名人贤士辈出。经年之后，萝村陈氏已成为北流久负盛名的名门望族。

萝村在白水岭脚下，归民乐镇管辖。有意思的是，这个镇所有村的村名都是两个字，唯独萝村是一个字，从这点上亦显出它的与众不同。当然，它的与众不同多得数不过来，用萝村人的话来说就是——“多罗罗！”

陈锡门祠

我站到那个高出门前池塘一米多的大地坪上的时候，“陈锡门祠”四个苍劲有力的大字呈现在我面前。门前是五级台阶，竖排青砖砌成，宽约 4 米，边际各有一道波浪形砖墙拢护起来，显得清洁安静，承受着数不清的大大小小的足迹，复述着这个祠堂无数个日日夜夜。

祠堂是一个家族追踪溯源，寻祖问宗的所在。不光是“陈锡门祠”，萝村众多的陈氏祠堂的对联大多贴着“派衍颍川，源出浙水”和“基开凤岑，业创龙门”。这跟萝村的历史有关。萝村的陈氏族谱有载，萝村陈氏最早源于中原地区，后来迁徙到浙江（源出浙水），再从浙江迁徙到广西（基开凤岑，业创龙门）。据陈氏族谱记载，萝村陈氏一世祖陈楠（即萝村陈氏北流始祖）原籍浙江省台州府天台县，南宋进士，在理宗元年到任北流县任知县，后落业北流。陈氏到北流后，先是在现北流市政府所在地居住。大约在明末清初，其十世祖陈继宗率三子举家搬迁至北流市民乐镇龙门萝村，至今，萝村陈氏已传到了 30 代左右。

陈锡门祠和陈鄉林祠　刘军／摄

萝村陈氏最近的三次族谱修订，分别在民国初年、1989 年、2015 年。由于萝村陈氏家族历代都有大量的文人墨客诞生，其家族谱系和源流在文化的传承中得以完整地记载下来。

陈锡门祠始建于清乾隆戊午年（1738 年），而现存的祠堂是清光绪乙亥年（1875 年）重修扩建而成，扩建后的祠堂更显气势威严。和陈锡门祠同时期的祠堂，还有陈鄉林祠和陈克诚祠。陈锡门祠和陈鄉林祠左右相邻，它们与位于背后的陈克诚祠前后相邻，都在萝村的古城堡里面。看外形，似乎没有差别，走进去，才发现结构迥异。不过，皆具明清时期典型的建筑特色，采用泥瓦青砖，穿斗式结构。虽年代久远，可富丽堂皇，气势依然。

关于这间祠堂，我在陈氏族谱看到了更加具体和专业

陈锡门祠门口上方的壁画——《福禄寿全》　曹美兰/摄

的描述——祠始建于清乾隆年间，泥砖青瓦结构。规模较小，建成奉祀后，后代陆续出现不少达官贵人。人以祠传，于清道光年间重修，分两进三层次青砖构建：头进中间厅置大门，通过半圆拱门连接两边小厅，祈拜亭连于头进、二进之间，亭两边置有敞面天井采光通风；二进置有梯级神龛，安放先祖牌位，山墙半圆拱门连两边小厅。大门门框为石材制作，门廊外矗立两根砖砌抹角檐柱，檐柱下是雕花石刻檐柱础。檐柱承托着屋架，檐下装饰精美木雕。整座建筑檩条粗细均匀，漆涂表面，大梁雕花，檐下雕花板封口，屋顶面由青瓦盖在椽板上。卷草纹饰奇角翘峨脊。

我曾对北流市的祠堂和兴业县城隍镇大西村、玉州区高山村、陆川县温泉镇的陈家祠堂、博白县亚山镇的刘氏

克诚祠　刘军／摄

祠堂作比较，发现这些宗祠建筑虽在朝向、材料上各有不同，但都有一个共同点——均具有鲜明的岭南风格。粉墙、青瓦、砖木石雕以及层楼叠院、飞檐翘角等和谐组合；坡屋顶、花格窗、漏窗、围墙等，外形上简练、朴素、通透，功能上具有隔热、遮阳、通风的特点，且融入西洋建筑符号，形成独具一格的桂东南建筑特色。

站在陈锡门祠的门口，抬头便见壁画。“写诗换鹅”“延年益寿”“甲科登连”“李白醉酒”……人物、山水、花草、虫鱼、鸟兽等形态逼真。两百多年的沧桑风雨没有让壁画黯然失色，反而使之更有底蕴。线条依然清晰可见，色彩仍然鲜艳，彰显当时的能工巧匠的功力。壁画，理所当然成为这些明清建筑留给萝村的宝贵礼物。据了解，萝村老房子的壁画一共有 293 幅，约 1033 平方米。

这片土地上一直流传着一个与陈锡门祠堂有关的故事，颇为传奇。据说，陈氏家族的十八世子孙满堂，裔孙想着要对祖先追恩报本，于是便有了建陈锡门祠的计划。祠堂初建时，请来的风水先生不怀好意，故意出了道难题。他对祠堂的老主人说，我掐指一算，三日后是升梁的好日子。说这话时，他眼里藏着不易觉察的狡猾，一只手在不停地做着暗示。如果说，老主人看不出暗示是假的，也知晓这个风水先生不安好心。

这么紧迫的时间，早先在外地制作的雕花梁木肯定赶运不回来，就算能赶运回来也未必能雕成，怎能升上去呢？老主人站在门前，望着夕阳久久沉吟。风水先生看着那个背影，得意地扬长而去。

夜里，老主人吧嗒吧嗒地抽了一夜的烟，吐出的烟圈可以把屋子熏晕。晨曦出来时，他不动声色地拿定了主意。

在这三天里，心里打着如意算盘的风水先生在家跷着二郎腿等着老主人前来向他寻找解救的办法。他以为老主人一定会来，因为他的招数还没有失灵过。可三天过去了，他连老主人的影子都没看到。

三天后，梁如期地升上去了。风水先生一看，用的竟然是簕竹，村里最好的簕竹。自然，他心里所谓的办法也就无用武之地，最后烂在肚子里了。

簕竹是本地常见的一种竹子。临危受命的簕竹就这样作为梁完成了它的使命。祠堂建成后，这根簕竹或许是不甘心就这样结束自己的生命，竟借着灰沙里面的水分不管不顾地继续生长，长出了新的芽叶来。在微风中，摇曳的芽叶，落入老主人的眼里，分明就是家族开枝散叶的预示，好兆头啊！这份惊奇，从祠堂飞了出去，飞过三岔路口的壶隐铺，再飞出萝村，为此陈锡门祠堂又叫簕竹梁祠堂。

这个传说是同行的向导陈小军告诉我的。陈小军，“60后”，是这个祠堂的后人，硕士研究生毕业，一名教育工作者，萝村又一个因为热爱读书而走出萝村、重返萝村的人。他对村里老房子的情况了如指掌，无论何时何地，讲解起来滔滔不绝。说起祠堂的传奇，他那张沉稳的脸上始终洋溢着自信、自豪，尤其是看着祠堂的眼睛，在闪闪发光，他眼睛里有我无法看到的影像。乡村传说往往采用夸张和幻想等手法，情节传奇，其中传递出来的生活气息无疑源自这片土地，却也丰润着这片土地，形成这片土地上生活的人们的集体潜意识。

高大肃穆的祠堂在静默地看着门口正对的池塘，仿佛看到了万千气象。池塘宽入窄出，用本地话来说是“富入冇富出”，寓意着财气进来比出去的多。池塘日日夜夜地守在祠堂前，至于它的名字是叫作曲塘还是谷塘，祠堂倒是一点都不介意。

在萝村，像陈锡门祠这样较大规模的古祠堂有 29 座。祠堂是家族活动的重要空间，也是承载家族精神的重要载体。“忠厚传家远，诗书继世长”，这副对联在民间流传极广，可谓深入人心。中国的传统就是读书，读书可以让家族养成良好家风，德泽后代。萝村，很多人才辈出的家庭，都有着优良的读书传统，形成了良好的家风。良好的家风让子孙后代耳濡目染，深受影响，把读书和学习当成一生的事情，由此积淀成一个家族的深厚底蕴，成为其世代相传的智慧与品质。

尚德堂出了个大才子

尚德堂，是陈宗鲁儿子陈开桢的堂号，是陈锡门祠五大知名堂号之一，位于萝村良田组，住着陈开桢一家。目前，这里已是陈柱故居。

陈宗鲁（1816—1884 年），字秉礼，清太学生，五品官衔。为人慷慨好义，咸丰年间曾不吝千金在本村宅南百

陈宗鲁故居　刘军 / 摄

米处建“梅花书屋”，聘名师执教，贫寒者免收学费，求学者纷至沓来，“四方贫寒之士，多来就读，而不取其资”。清光绪版《北流县志》记载：北流铜阳书院于清康熙四十年（1701 年）由知县涂遇所建，至咸丰七年（1857 年）毁于战火，同治十三年（1874 年）由梁科选、陈宗鲁、黎学萁等以书院历年余资兼筹资重建。铜阳书院是当时北流最负盛名的科举人才培养基地。

陈宗鲁有一个儿子叫陈开桢（1856—1921 年），字干丞，清光绪岁贡生，历任北流保卫团局董事、劝学所总董、十里局董事、附城十里师范学校校长、十村两等小学校长等职。1913 年陈开桢与覃子恒、伍登城等倡建北流中学，为北流教育事业先行者，也是晚清民国新学的开拓者。他从事教育工作数十年，职位数更，一直热心家乡事务，被视为乡里柱石。

1889 年，陈开桢的长子出生了，取名绳孔，又名郁瑺，后改名陈柱，字柱尊。陈柱出生的这一年，殷墟首先发现了甲骨文。1892 年，北流出土了一面铜鼓，直径 165 厘米、高 70 厘米、重 300 多斤，这面大铜鼓，被誉为“世界铜鼓王”，次年五岁的陈柱，被发现才智异于常人。也许一切只是巧合，可冥冥之中又像是有着某种关联。

从 9 岁起，陈柱一改以往缠着父母问问题的性情，经常一个人在书房中拿着“四书五经”诵读，沉迷在一个人的世界里，整整三年。三年里，或在良田塘边，或在荔枝树下，无论徘徊、逗留，陈柱脑袋里除了装着他看过的书，还是书。闭门苦读三年后，孤高自傲的性格也跟着出来了。

陈柱13岁进入萝村学堂学习，拔贡苏绍章是他的老师。他是班上最小的学生，人虽小可文章写得洋洋洒洒，苏绍章见后，心里暗暗惊叹：此子非常才也。后来，16岁的陈柱和族兄陈绳虬自费留学日本，到成城学校学习。而萝村陈姓中，官阶最高者就是陈绳虬。光绪年间，他曾任度支部（即户部）库藏司郎中，负责掌管国库储藏。陈绳虬的官职由钦加三品加三级，诰授荣禄大夫（从一品），是有记载以来官职最高的北流人。而陈柱后来也成为民国时期的一代国学大师。

实际上，萝村的人才库像滚雪球一样，越滚越大。1949年后，萝村走出了共和国教育统计学、教育测量学专家、教育家陈一百（陈柱长子），历史学家、华南师范大学硕士生导师陈千钧，翻译专家、中国科技大学教授陈昆才，航天科技专家、中国运载火箭技术研究院北京强度环境研究所所长陈奇妙，科学家、中国科学院地理科学与资源研究所研究员陈光伟，获一个博士学位、三个硕士学位、现任美国卫星通讯公司总工程师的陈京红（女），等等。军界方面，校级以上军官有陈树仁（师长）、陈三百（陈柱次子，师级）、邓甲友、陈奇澧、陈奇潜、李守林等。

陈柱18岁的时候，苏绍章留学日本法政学堂。师生旅居相近，在此期间，聪慧好学的陈柱分秒必争，经常向老师请教学诗。他还写信叮嘱家人把中国的古籍邮寄过来，并在日本市场购买李白、杜甫、白居易等人的诗集回来阅读。

陈柱还曾向陈衍学诗，陈衍理所当然成为了他人生中的第二位老师。这位老师是民国学界前辈，陈柱觉得自己能成为他的学生是一件幸事，是幸运也是幸福。用陈柱自己的话来说，就是“夫子文章天下奇，天涯何幸得相师”。

陈柱在学习国学的道路上的又一位重要导师——唐文治，他们的师生之缘则非常具有戏剧性。那一年，陈柱就读于上海高等实业学堂。其间的某一天，阳光灿烂，全校一年一度的国文大会拉开帷幕。参加的学生个个摩拳擦掌，当中就有陈柱。当评阅试卷的老师看到其中一份作文时，惊喜万分，毫不犹豫地打上鲜红的 100 分。校长唐文治审阅卷子后，脸上的笑容情不自禁地跑了出来，称赞的话更是藏都藏不住，手不由自主地掏出口袋里的钢笔，把 100 分，坚决地改为 120 分。这份试卷的主人就是陈柱，陈柱也为此得到唐文治授予的金质奖章一枚。从此，开启了他们的师生之谊。后来，唐文治创办无锡国专，陈柱曾到国专担任教授。抗战时期国专西迁广西，一度面临无地办学之困。陈柱于艰难中促成国专迁到家乡萝村办学，此是后话。

长大后的陈柱成了著名的国学大师，他一生著述丰厚，著书百余种。他学习的内容涉及经史子集，对国学教育与国学研究建树颇多，深受学界前辈、师友、同行的高度称赞，影响颇深。陈柱是晚清至民国时期，走出广西，走向中国文教中心，称誉一时的诗人、国学家、教育家。

在很长的一段时间里，我反复回味陈柱的求学历程，敬佩之余，对其幼时生长的环境颇为好奇。

许多年来，在萝村人心中占主要地位的一直是读书这件事，而在陈柱心中，萝村这个古老的村庄又是一个怎样的所在呢？

也许萝村自己是知道的。清咸丰年间，太学生陈宗鲁在萝村建“梅花书屋”，后来和梁科选、黎学萁一起筹资重修北流铜阳书院；光绪年间，库生陈拔朝增设书房书舍供

陈柱故居周边的古建筑　刘军 / 摄

各姓子弟就读；宣统年间，陈迥凡设馆在云山寺授徒；贡生陈开桢，光绪年间起即对教育事业甚是上心，民国初期倡建附城十里学校、县立农业学校、女子高小学校，1913 年倡建北流中学。萝村人知道，当重学、尚学的风气铺陈开来，在一代又一代人的加持之下，自家的一个个孩子成长为优秀出色的人，是顺理成章和水到渠成的事。

陈柱祖父陈宗鲁、陈柱父亲陈开桢均为北流教育事业的先驱，陈柱的长子陈一百是当代著名的教育理论家、教育实践家、社会活动家。陈柱一门世代书香，连续四代对地方和国家的教育事业有突出的贡献，成为北流四代入县志的唯一家族。他们在教育这条路上，做了很多人做不到的事情，作出了重要的贡献。其一家四代的成就，可谓北流文化教育的典范与历史缩影。

数百年来立于岭南山间的萝村，坚守着“忠厚传家远，诗书继世长”的理念，一直不间断地用心培养自己的孩子，不间断地以坚实的底气维系着这一方文脉，使之不断绵延。

十万卷藏书楼

十万卷藏书楼位于陈柱故居。陈柱故居即尚德堂，系陈柱父亲陈开桢所建。走进陈柱故居的门口，就开始进入一个安静的世界。脚下的青砖沧桑，不知承受过多少大大小小的脚印，目视多少人到来与离开。它默默地坚守在这里，与庭院里的荔枝树、万寿果等树木作伴。这里的树木大都跨越了 500 个年头。

绚烂的霞光落在见证过清代风雨的屋顶上，也落在我们身上。三道不同方位的大门，大有乾坤，也有传说。

传说发生在清光绪年间吧，十八世鸣冈之孙陈开桢到了需要搬出老宅的时候了，他相中了此地建宅舍。做大门时，按惯例请来风水先生。这个风水先生还带着一个徒弟。师傅看向东南方向的笔架峰，陷入沉思。他眉头紧皱，不时用右手算来算去。等眉头舒展开来，一个吉时就跟着出来了。师傅便和徒弟讲解起来。解毕，一旁的徒弟竟说，师傅，我们一下子就告诉他正确的吉时，以后我们就再也没有机会赚他们的钱了，不若说走偏一点，以后我们再慢

十万卷藏书楼　刘军／摄

慢给他修正？在金钱面前，师傅犹豫了起来。可事有凑巧，师徒的一番对话被隔壁的一个丫环听到了。事不宜迟，丫环把对话原原本本地复述给主人听。主人家觉得这个丫环诚实，也为这个家着想，便把她认作干女儿。果然，那师徒告诉的时辰距离丫环听到的相差了一刻钟。主人家自然采用了那个没有走偏的吉时。

这又是一个与风水先生斗智慧、斗机缘的故事。岭南山村笃信风水，却也喜欢将风水先生置入传说中，使之成为本地人智慧、善良的衬托。而神奇的是，仿佛是为了印证这个传说，后来，从这个门口走出去开创功业的陈柱成为了国学大师，影响一代学人。陈柱的三个儿子七个女儿，还有陈绳孟（字柱帮，陈柱的弟弟）的孩子也都纷纷地走向全国各地，各自事业有成，或是大学教授，或是科技人员、企业人才，一个个成为了各自领域的佼佼者。

陈一百（1909—1993 年），陈柱长子，解放后在广西大学、中山大学、广东师范学院、广东教育学院、华南师范学院、广州师范学院等高校任教授、院长、顾问等职。先后担任民进广东省委会首任主委、民进中央常委、全国政协委员、广东省政协常委等职。被国务院授予“为高等教育事业做出贡献的教育家”称号，并享受国务院颁发的特殊津贴。

陈二百（1916—1995 年），陈柱侄子。青年时代跟随伯父陈柱到上海求学，无锡国学专修学校五年制毕业，后到容县中学任教 40 余年。退休后回乡居住，“文化大革命”期间极力反对砍伐荔枝古树，是萝村保护古荔枝树的功臣。

陈三百（1922—1998 年），陈柱次子，中校军衔。参加了抗日战争、解放战争和抗美援朝战争。历任 21 军文工团团长，武汉军区文化部创作组组长、歌剧团团长。1959 年被派往北京参加建国十周年全军文艺汇演，和其他成员一起受到毛泽东、刘少奇、周恩来等领导人接见并合影。

陈思博（1926—1997 年），陈柱三子，原名陈四百，毕业于国立中央大学农学院。农业工程专家。著有《线性规划在我国农业生产上的应用》《水稻栽培技术》《旱田栽培技术》等书，部分著作成为全国农业系统工程学习教材。

陈荔英（1914—1995 年），陈柱侄女。资深中学教师。北流中学毕业后随伯父陈柱去上海求学，后考入无锡国专，

1937年毕业，获校长唐文治签署的第16届优秀毕业生证书，曾师从唐文治、陈衍、王蘧常、钱仲联、冯振等国学大家，兼擅诗词，在校时即著有诗集。曾任金陵女子大学附中、南京市立三中、北流松山中学、容县中学、杨梅中学等校教师，毕生献身教育事业，桃李满门。

陈松英（1915—1996年），陈柱长女。15岁毕业于北流县立中学，即随父陈柱赴沪，考入无锡国学专修学校，师从唐文治、冯振、王蘧常、钱萼孙等名师，毕业后在南京、上海等地中学任语文老师三十多年。著有《青松园吟草》，参与编撰《陈柱诗文选集》。

陈梧英（1917—2017年），陈柱次女。在北流读完初中，随父到上海，考入著名的苏州振华女子高中，毕业于上海交通大学经济管理学院。高级统计师，是新中国统一的贸易统计制度的建立者和完善者之一。酷爱文学，著有《梧叶集》。

陈蕙英（1919—1939年），陈柱三女。1934年考入上海美术专科学校，师从大师黄宾虹，专攻山水花卉，16岁成名，所作山水画作深得许承尧、王秋湄诸名流赞许。冯振为其山水画作题诗。后因肺疾病逝，黄宾虹痛悼。

陈苏英（1932—），陈柱四女。毕业于广东省立艺术专科学校，师从艺术大师杨秋人、庞薰琹、王益伦等。参加中国人民解放军和抗美援朝战争。转业后任中学语文和美术教师，后到昆明宣传部门工作。擅长画少数民族妇女，著有《感怀诗集》。

陈蒲英（1934—），陈柱五女。中共党员，高级工程师，舰船主动力传动装置专家。

陈海英（1935—），陈柱六女。舞蹈家、副研究员。14岁参军，参加过抗美援朝战争，演出受到朝鲜最高领导人金日成赞誉。

陈虹英（1937—），陈柱七女。沈阳体育学院教授，国际裁判。获国家体委授予“新中国体育开拓奖”。

如今，尚德堂的大门依然屹立，荔枝树、万寿果树虽然饱经岁月沧桑，还在蓬勃生长。踱步在阵风吹送树叶沙沙却又阒静无比的前院，仿佛感受到小儿女们时而埋头苦读时而欢欣雀跃的音容。

好儿女胸怀天下。他们，包括陈柱在内，一个个北流的儿女走出北流，就像那条滔滔往北的北流河，走出了鬼门关，走向了祖国大地。

靠近后花园的大门贴着一副对联“前垂积荫，后耸高山”。这里的高山自然是指白水岭。厅内悬挂陈柱的恩师苏绍章给陈柱父亲贺寿的对联：“沾露润泉雅负重望，论文饮酒欢娱大年。”左手边的一间房，门额处挂着“黄宾虹客居处”的牌子，这是黄宾虹来萝村时居住的房间。如今，里面陈列着黄宾虹画北流的山水画作的复制品——其真迹现藏于广西博物馆。

屋外，夜色正在慢慢越过白水岭。屋内，海镗叔正在为我们泡茶。海镗叔，是陈二百的儿子。陈二百的父亲早逝，陈荔英和陈二百姐弟由伯父陈柱抚养长大。

海镗叔说的本地白话带有港味，这与他长期在香港生活和工作有关系。他性格温和，说话轻声细语，他在香港做过化工厂和钢铁厂的机电部门的主管，形象和我印象中工业领域咋咋呼呼的管理人员相去甚远。

他用茶胶来给我们泡茶，泡出的茶汤色橙黄，透明如玉，海镗叔说这是琥珀色。端起品之，清香润喉，沁人心脾。

自然，相比喝茶，我们对藏书楼的兴趣更浓厚。“我们”，当然包括了陈乔柏教授。其实，我们是先和陈乔柏教授碰面，然后再联系上海镗叔的。后来，我才知道，海镗叔的父亲陈二百和乔柏教授的父亲陈拔誉都在无锡国专读过书，也都在容县中学任教过，并作为双人组合一起参加全区举行的羽毛球赛，拿回了冠军。

“当时年轻帅气的他们打遍全区无敌手，还收获一批粉丝，当然女粉丝多过男粉丝。”乔柏教授和我说这话的时候，好像他亲自见证了那个场面一样，说得津津有味。其实那时候，他还不知道在哪里呢。可那个厉害的人是自己的父亲啊，说起自己的父亲哪能不眉飞色舞呢?

乔柏教授出生的时候，海镗叔已经是四五岁的孩子了。用乔柏教授的原话来说就是，不论时间的长短和空间的距离，他们的关系是没有隔阂的。现在，我们夜探藏书楼，这么重要和关键的时候，又怎么少得了乔柏教授呢？

我到过藏书楼门前很多次，每次都只能在那几级台阶上止步，像荔枝剥开鲜红外衣沾到你的嘴唇，它又突然改变主意，决绝地抽身离去，让你痒在心里，怎么都挠不到般的难受。

藏书楼在后花园。后花园怎少得了花花草草呢？单单茶花就有好几种，双飞蝴蝶茶花、雪塔茶花、防城港金花茶、六角茶花、显脉金花茶，还有挂绿荔枝树、还魂草、硬叶兰、土吊兰……每一株花草树木都来历不凡。比如那棵长得最大的双飞蝴蝶茶花，就是1909年陈柱去日本留学远道带回来的。每年花期，茶树尽情地绽放，毫不吝啬地展示自己，引得来者纷纷在它面前留影。开出的茶花也从未让专程来一睹它的风采的人失望过。背靠背的两朵花儿，像蝴蝶不停扇动的一双翅膀，它的闺名也许就由此而来。

双飞蝴蝶茶花　陈海镗／供图

藏书楼被夜色覆盖，看不到外墙。我们都说，好茶可以不喝，但这次藏书楼非进不可。海镗叔听了，忍不住笑了，说，门太久不开了，钥匙都不记得放哪里了。说完，转身就去找钥匙。我们异口同声地说，找多久我们都愿意等。

在等钥匙的空隙，从各种资料中读到的关于藏书楼的信息汹涌而来。藏书楼，原为岗楼，原本是为防土匪抢夺村民的粮食和财产而修建，现在墙上那些枪孔还在。后来，陈柱就常常逗留在楼上攻读诗书。再后来，为了防止书籍遭到虫蛀霉变，陈柱父亲陈开桢让家人逐渐将所有的藏书搬到通风干燥的岗楼保存，就这样，岗楼自然而然成为了藏书楼。

一天，九岁的陈柱满身泥巴从外面走回来，脸上有几处铁青色。陈柱母亲看着闪到后花园的儿子，想起“慈母多败儿”，便硬逼着自己板起脸，换上严厉的口气说：“郁瑞（陈柱小时候的名字），你整天外出疯跑、胡闹，怎么会有出息？你想一辈子都窝在家里？外面的世界那么大，你拿什么去闯？不思上进，祖宗的脸迟早会让你丢尽……”

听到母亲的狠话，那张倔强的小脸高高地昂起，心里百般的不服气。那颗孤傲的心，开始暗暗地发起了狠劲。他最反感听到别人说他丢家族的脸面。真是知儿莫若母。此时的陈柱母亲并没有料到，顽皮的儿子日后竟成为一代国学大家。而陈柱自己也不知道，等自己成为父亲之后也会像母亲当年那样，在孩子面前一样严厉、一样重视孩子的教育。他每天利用晚餐时间，向子女讲述读书的乐趣，与孩子聊天、讨论学问。他经常对孩子说：人有了学问，就如车子有了车轮，如果不读书，就好像愚昧的禽兽了。他作为父亲养育了十个孩子，孩子们在各自的领域都是佼佼者，在村里属于一门风雅，独树一帜。作为伯父，他抚养早逝的弟弟留下的一对儿女陈二百和陈荔英，让他们成人又成才。作为村里的长辈，他带着族人去报考无锡国专，走出村庄，走向全国。

经受了母亲“训斥”的陈柱，从此一头扎进了藏书楼。他像一只不知疲倦的蜜蜂在“四书五经”、《尔雅》等书籍中疯狂地“采蜜”。整整三年的闭门苦读，一页页被翻动的书，汇聚成一条涓涓细流滋润着那块年少的心田。此时，岗楼成为了陈柱的“经楼”。

每逢阳光勤快的日子，天井里一本本书躺在阳光里，舒服地晒着太阳。太阳把它们身上的一只只虫子赶跑，它们能不舒服吗？扰书清梦的虫子，是书籍的天敌，书们对着那位晒书的妇女投去感激的目光。晒书的妇女只回以微笑。左邻右舍则纷纷夸赞她，也因此给后人留下了一句经典的读书佳话：人家晒谷我晒书，人家数钱我数书。这个妇女就是陈柱母亲。

等到那把锁头“吧嗒”的一声响，我的思绪被拉了回来。我们的笑声就再也忍不住，从藏书楼前飞了出去，后院的千年荔王应该也听到了，树上准备休息的鸟儿怕是也听到了，扑棱棱地起飞，在书楼上空检视一圈后又折返回来。真是：三更半夜访书楼，一片笑声扰鸟梦。

门“咯吱”一声响，我们踏进藏书楼。白炽灯的开关在海镗叔的手下“啪”的一声响，屋内的黑暗跑开了。屋里干爽、透气，果然是书本喜欢的地方。头顶的蜂窝，比我们先行到达这里，只是蜜蜂早已不知去向。海镗叔说，这里的野蜂窝较多，但他从来都没被蜇过。

为了更大限度地看清楚藏书楼的模样，几只电筒齐上阵，几双眼睛跟随着手中的电筒光，搜寻着这里的物品。脚下的砖在灯光下泛着青光，地上摆放着拆下来的古式的木床，就别无他物了。顺着梯子爬上二楼，四个旧木镜框紧靠在墙边，其中两个镜框放陈二百夫妻年老时候的两幅照片，另外两个镜框，一个放陈荔英和陈二百姐弟做资深中学教师的简介，一个镶了陈柱和黄宾虹往来的部分书信的复印件。镜框上都蒙着厚厚的灰尘。被蒙上灰尘的还有两个樟木笼和一个皮箱。樟木笼是用竹篾编织而成的箱子，而皮箱也不是我们日常看到的皮箱。木笼和箱子失去了原色，估计多次跟随着主人走南闯北，立下了不少的功劳。我们小心翼翼地打开一个樟木笼，里面放着一沓书，有《桐城文派评述》《评注经史百家杂钞》《音乐》等书，书封皆印着“无锡国专教材”字样。

不用说，无锡国专搬来萝村时，这里成为了师生们借书的好去处，缓解了师生教学参考图书不足的焦虑。

屋外，雪塔茶花在越来越浓的夜色中静静地绽放，室内的我们在这些古籍面前慢慢翻看着，毫不掩饰地把惊喜拉得更高。

虫比人先发现这些书，这些旧书已错过了被保护的最佳时期。现在，海镗叔为每一本珍贵的教材套上了一个塑料袋，可依然改变不了书已被虫蛀和灰化的命运，经不起轻轻的翻动。海镗叔说，最好最完善的一套已经送到了市里的档案馆收藏。

在时间的洪流中，一切都会被冲走，无论是人还是物，最终留下来的会是什么呢？能流传下来的总是无形的东西，比如陈柱的学术影响，比如萝村陈氏的读书精神。

海镗叔告诉我们三楼没有东西，不过我们还是决定上去一趟。楼板一角已经被白蚁入侵，海镗叔担心我们上去不安全，一直不停地叮嘱要小心脚下。我走在最前面，脸上撞上一张张蜘蛛网。眼前无一物，却又似看到许多。

藏书楼是陈开桢和陈柱立志存书十万卷的地方，曾经的藏书也许早已超过十万卷。如今，这些书都已不在这里，纷纷去了该去的地方，广西图书馆、桂林图书馆，等等。

陈柱逝世后，他的遗著和藏书由他的家人先后从上海寓所及萝村旧居赠与图书馆，其中部分进入广西图书馆。目前，陈柱也是广西图书馆所藏个人著述最多的一位学者。

而康有为为藏书楼题的匾额，让这个藏书楼的名气增色不少。

据海镗叔经父辈得来的信息，“十万卷藏书楼”这个题名是在陈柱当时的住处上海辣斐德路的辣斐坊，在一个特殊的晚上，在危急的情势下，康有为为陈柱题的字。此外，康有为还为陈柱在暨南大学的讲义《十万卷楼说诗文丛》题写了书名。可见，两人彼此间是相互支持、相互欣赏的。1927 年康有为去世后，其家人欲将其藏书出售，广西大学校长马君武设法买下其中 2 万多册，大大丰富了新建广西大学的图书馆藏书。在此过程中，陈柱起到了牵线搭桥的作用。

其实，挂着“十万卷藏书楼”匾额的地方有两处，一处是在陈柱故居，另外一处则在陈柱住的上海辣斐德路的辣斐坊 27 号。

谈起藏书楼，海镗叔时而高兴，时而难过。这个藏书楼曾留下了祖祖辈辈积攒的书籍，在“积钱不如积书”的祖训里，他们都做到了，可到了自己却做了“烧书”的事。说到这里，海镗叔的脸显出惋惜和无奈的神色。我问他，烧书的时候怕不怕？他说，那个特殊时期自己 10 岁左右，在身边人的鼓动、威迫下，哪里敢不烧呢？幸好，当时藏书楼大部分的书已由广西图书馆收存。每每提及此事，海镗叔还是心有戚戚焉。

在夜里，我们和海镗叔告别，像是告别了一段旧时光。

二凡楼

在萝村，还有一个书楼也是由岗楼改成的，那就是二凡楼书楼。二凡楼在庞屋井边上，水井巷东头，与村东的云山寺相对。二凡楼属于荣裕堂里的一部分建筑，建成于20世纪20年代。二凡楼门外的平房屋檐矮矮的，低低的，

二凡楼　刘军／摄

狭窄的小巷子里连自行车也不方便出入。

2020 年陈海英（陈柱之六女）回到萝村时，也回到了二凡楼。小时候，她家的十万卷藏书楼虽然能远远地满足她读书的需求，但也不妨碍她来二凡楼看书。

那天，乔柏教授在庞屋门口与陈海英相见那一刻，她望着转角的二凡楼，用手抚摸了几下那片灰沙抹的粗糙墙面，一首小诗，立马从她嘴里跑了出来：

巷小不容车，
檐低不能骑；
唯有二凡楼，
能藏万卷书。

后来，我从海镗叔口中得知这首诗是由中山大学系主任郑师许教授所作。郑师许教授是陈柱的朋友，也在国专当过老师，在抗日时期，他携一家人来过萝村。这首诗，想必激活了陈海英对二凡楼的记忆吧，不然，她怎会徘徊良久？

那时，二凡楼对所有喜欢读书的人张开双臂欢迎，不拒绝任何一位爱读书的人。不管是萝村学子，还是西迁过来的国专师生，这里都是让他们废寝忘食的地方。国专教师蒋庭瞿在《石渠诗选·劫中草》中留下了与二凡楼有关的诗句：

朝观自出夜观月，二凡楼前秋更宜。
难得故人真有意，为收佳景好题诗。
门前双柏留光泽，窗外千山动逸姿。
最爱元龙眠百尺，流栖倘许借高枝。

（苏州大学广西校友会主编《无锡国专在广西》）

在萝村度过童年时期的陈芸稚大姐也在文章里提及过二凡楼：

由榕城向云山寺方向，经过益肚的小巷，转个弯还有个更小的小巷。记得入这小小巷的左边有一座二层小楼，楼前有小天井，楼上层有三间房，前两间房有没有书我没注意，最后一间是书房，我们看的儿童书画就在这间。每次我和弟弟骥去都借十本书，是彩色的，有字有画，看完还回，再借十本。每次都是伯鲁十哥或十嫂，还有十一嫂（陈起昐的爱人）热情接待我们。当时我并不知这楼叫二凡楼，只记得是我留恋不舍离去的温馨书房。

为何这个书楼叫二凡楼书楼呢？从乔柏教授口中，我知道了这里的故事：陈千钧为了纪念叔父二人，筹资而建了二凡楼。二凡楼的取名，来源于这里祖上有相亲相爱的两兄弟，一位叫逸凡，另一位叫迴凡，二凡楼就是集两兄弟的名字而来。而且他们兄弟之间的爱，渗透到了儿子那一辈。换句话说，就是有能力的叔叔先帮助侄子，却没帮到自己的亲生儿子。逸凡是兄长，但早逝，留下孤儿千钧。迥凡将侄儿千钧先送至无锡国专读至毕业（第三届毕业生），接着送自己的儿子起妫去无锡求学，不料迥凡却得了顽疾，后来经济出现困难，起妫只得辍学，不久迥凡追随自己的哥哥逸凡去了。后来，陈千钧成了教授，有了能力，便将起妫的儿子陈光伟带到广州求学，把陈光伟培养成为科学家。陈千钧的儿子却留在北流中学读至高中毕业，解放后参了军。

而二凡楼，在解放后已分配给了一户姓许的人家。房子也发生了变化，枪眼还在，书籍已不知所终，仅剩有一个书架。

根据乔柏教授在微信里传来的消息：这个藏书楼属于荣裕堂，这个堂之前走出了教授陈千钧、科学家陈光伟，现在又走出了科技人才陈真才，以及 2022 年考上中山大学的陈香君。陈光伟先生继续父辈传统，资助侄儿学习，并准备继承老祖宗“二凡楼”的存书传统，在同胞兄弟陈奇旭家里一楼大厅重建一个“二凡书室”以励志后人。目前已经打了三个大书柜，书也已经寄回来几大箱。

此时，乔柏教授正打算送一千多本书给二凡楼，并帮助策划、全力推进图书室的建立。

矫庵

有着圆形的门的书房，取了个让人看一眼就忘不掉的名字：矫庵。据海镗叔回忆，主人的本意是通过看书达到明白道理，进而调整和矫正自己的修行和德行。现在的书房，墙面挂了一些书和画，两位主人都已经作古。

我在翻阅《陈柱生平及其学术思想研究》一书时发现书中有一段文字，大意写道：在1915年11月，陈柱和冯振等广西籍学子在上海徐家汇圣母院旁合租的房子，就命名为“矫龛”。正是处于血气方刚的年龄，这些广西籍学子立志“矫乎斯世”之“恶”，易以前贤得传其道。陈柱白天在学校授课，空暇之余在矫龛为大家讲诗文。想必是陈柱受到父亲的影响，才有了上海的“矫龛”。

“以经世为志，虽未得志于天下，而未尝一日忘斯民之涂炭。”当年陈开桢经常教育儿子陈柱：“今欲救中国之危弱，非培养人才以改良分化不可。”

这位父亲言传身教，不遗余力地倡办乡村教学教育，先后促成本乡学校以及与同邑乡贤倡办北流中学等，为乡族及同邑子弟成才奠定了基础。让俞作豫、李殷丹、马达、顾去吾、陈奇妙、陈蒲英等一批优秀的北流儿女从北流中学走出去。这位父亲不知道，自己的孩子以及孩子的孩子今后在教育界都是佼佼者，更不逊色于他取得的成就。不得不说，家庭的教育榜样力量是无穷大的。

对于父母，想来陈柱是内疚的。他从小离家外出求学，之后又常年在外工作，很少有时间回家。父亲生病时他在外面，父亲临死他也没能回来送，这成为他心中永远的痛。在父亲去世之后，陈柱想在家侍奉母亲。母亲知道他的想法，反劝他："男儿生当有四方之志，若困守一家，是乡愿之孝而已；尔若欲为孝子，当出外求名师友，努力修行立名。家事吾虽老，犹能理，尔勿念。"民初曾任女子高等小学教员、学监（校长）的这位母亲，在儿子不在身边这件

陈柱故居内的矫庵　刘军／摄

陈柱故居内的荔枝树，树龄：500年，保护等级：一级　刘军／摄

事上，采取了开明的做法。她教育儿子：不要只在家乡做事，要走出去，为国家做事。诚哉斯言！

父母肯綮的教诲，对孩子的影响是深远的。陈柱把良好的读书家风继续传承下去，才有了后面的书香世家和教育世家。

村里来了所无锡国专

▼一所国学高等学校，在特殊时期，在战火纷飞的年代，辗转千里，赫然出现在万山丛中，在茂盛的荔枝林下。

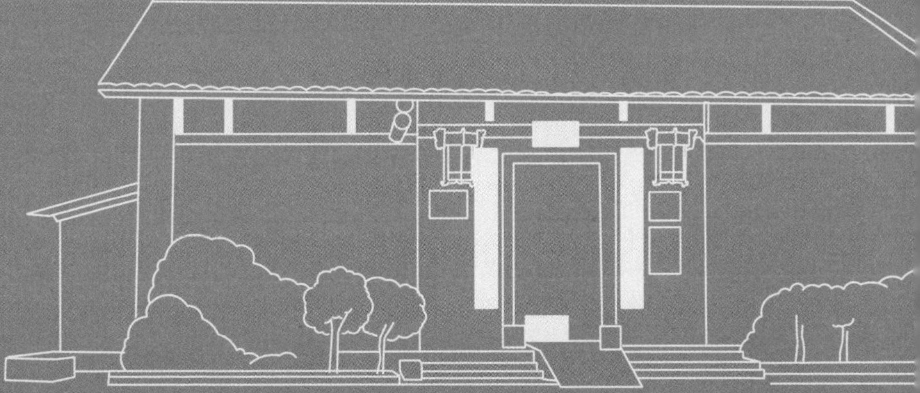

永康堂前

"元丰四年，予游吴，过秀，见林侯。侯家于苏，而宦学于杭，能道其江湖山林之美、游览之乐，而甚爱思白堂也。其秋八月，就舍钱塘，问思白之堂，而往观焉。临渊而望，西山楼观出焉……"

朗朗书声从一间三进三开的府邸不急不缓地传出来，像缓缓流动的斗口河水。我心急如焚地寻找读书的人，想看清楚那些勤奋的面孔。为什么单单撇下我一个人而读起书来了？无奈，却被一扇由门柱和众多横木组成的推栊门止住了急促的脚步。我唯有透过推栊门睁大眼睛努力地往里看，却只看到无声无息影影绰绰的人影。便又着急地用力推推栊门，大喊，等等我，我也跟你们一起读！

无人应答。鸟鸣声却不合时宜地吱吱喳喳响起。

突然，一个严肃的声音砸向我，美兰，你乃我国专学生，为何游荡在教室之外，作吊儿郎当之举，成何体统？话毕，一把巨大的戒尺劈头打下。我大惊，以手抱头发出一声喊，醒了。原来，这是我做的一个梦。

永康堂，无锡国专旧址之一　刘军／摄

醒来，再无困意。我竟在萝村睡着了。举目看往北面的白水岭，此刻它披着一层雾霭，像戴着面纱的姑娘。

无锡国专学生读书的片段怎么就入了我的梦境里了呢？想必，萝村对我的影响太深了。

我是在梦境里听到读书声。可是有一位先生——航天专家陈奇妙，他是真真切切地听到了。

“国专的学生读书很用功的，每天天不亮就开始起床念书，一念就是两三个小时。”现在已是九十高龄的陈奇妙先生告知我，而且这话他不止一次地提起。

陈奇妙家的进士屋和无锡国专的校址仅相隔着几座府邸。早年，也许是七八岁，陈奇妙每天清晨上学，都能听到抑扬顿挫的读书声从国专门前的大荔枝树下传来。那时候的他，并未意识到这种印记将会一直跟随着他，在他求学的阶段影响着他，更不会想到自己以后会在航天系统长期从事导弹、火箭、卫星、飞船等产品有关结构强度与环境可靠性的研究与试验工作。他先后数次获奖,1991 年获航天部颁发“有突出贡献专家”证书，1994 年起享受国务院政府特殊津贴。迄今，萝村除陈奇妙之外，还有当代知名的教育理论家陈一百、海洋学家陈奇礼、科学家陈光伟、翻译专家陈昆才、桥梁专家陈起维、北京造纸总厂总工程师陈起礼、广州大学教授陈多多等 7 人获此待遇。

毋庸置疑，能亲耳听到国专学生读书声的萝村人是幸福的。

无锡国专的萝村旧址又名永康堂。站在永康堂前，我似乎又听到那朗朗书声。

永康堂是陈宗经的故居。这座房子在清道光十五年（1835 年）开始建设，砖瓦木料结构。屋顶翘峨压顶，大梁担纲，廊檐内 8 条廊柱。朱红色的廊柱让这座府邸呈现出几分庄重和恢弘。墙上的一幅幅壁画经过时光的淬炼沉淀，依然神采奕奕，仿佛受到了岁月的优待。陈宗经，清贡生（京都国子监学生），清道光翰林院侍读，太常寺博士。陈宗经的四个儿子个个出类拔萃，长子陈开泰，清太学生，例赠儒林郎；次子陈开临，清翰林院待诏；三子陈开豫，清太学生；四子陈开益，清九品官。

陈辅邦祠　刘军 / 摄

陈辅邦祠门上的铺首。铺首上有“招财进宝”四个字
翊明 / 摄

孙子陈敬典，清朝中书科中书。陈宗经家数代为官，堪称名门。

当然，像这样保持着清朝建筑的房子，在白水岭脚下，不止一座，而是有很多座，比如：陈辅邦祠、陈宗鲁故居、进士屋、陈柱故居，等等。仅这几座，无论是从规模，还是保存完好的程度、历史价值上，在桂东南地区是非常突出的。萝村这样的名门世家不止一家，也还有很多家。其实，永康堂旁边的陈辅邦祠也无偿地借予国专作为办校校址，所以在其门的左侧，挂了一个牌匾：无锡国专旧址（之二）。

国专西迁

1937 年 10 月，无锡火车站一带，日寇的飞机漫天轰鸣，炸弹如雨投下，大地发出“轰隆隆”的声响，无数房舍瞬间化为废墟，百姓惊慌失措，呼喊着四处躲避。

四处躲避的还有无锡国专的师生。这所初办在无锡惠山镇山货公所、后又迁到无锡市区学前街的学校，很快经历了战火的侵袭。

起初，唐文治校长率领部分师生转移到无锡南门外王祥巷上课，后来，越来越紧张的形势，促使学校不得不做出决定：全部转迁湖南长沙。

无锡国专最早是在中国金融界颇负声望的施肇曾与乐善好施的陆勤之等人资助下创办的一所国学专修馆，近现代著名教育家、工学先驱、国学大师唐文治任馆长。

唐文治（1865—1954 年），字颖侯，号蔚芝，晚号茹经，生于江苏太仓，民国元年（1912 年）定居无锡。清光绪十八年（1892 年）中进士，官至商部左侍郎、农工商部尚书。后退出政坛，潜心从事教育事业。历任邮传部上海高等实业学堂（西安交通大学、上海交通大学前身）及邮传部高等商船学堂（大连海事大学、上海海事大学前身）监督（校长）。创办了私立无锡中学（无锡市第三高级中学前身）及无锡国专。

在唐文治的带领下，无锡国专开始生根发芽，并在战乱不断、政局不稳、经济凋敝的时势下，让一批国学专业人才得以成长起来，为国学的命脉延续立下了汗马功劳。无锡国专是我国 20 世纪上半叶培养国学精英的一块沃土。在数十年间，一批非凡的文史才俊从这块沃土上成长起来，让无锡国专在我国近代高等教育史上，书写下灿烂耀眼的一页。“北有清华国学院，南有无锡国专”，无锡国专与清华大学国学研究院被称为近代国学教育的“双璧”。

1928 年 9 月，无锡国专获准在国民政府立案，转制为按照教育部规范办学的国学高等学校，成为中国近现代史上唯一获得中央政府立案的独立的国学高等学校。

1937 年的战火促使无锡国专踏上了漫长的迁校之路。是年 10 月起，师生们肩挑图书，背驮教具，在烽火连天、铁骑四布的凶恶环境下，朝着湖南长沙艰难前行。

经过一路的风餐露宿，忍饥挨冻，11 月 30 日，内迁的师生队伍终于到达长沙。

岂料，等待他们的是另外一番波折。他们先是在城内黄泥街友于里四十八号临时上课，后又转移至湘乡铜钿湾，各种情况并不稳定。此时消息传来，广西省政府主席黄旭初诚邀唐文治校长率全校师生转迁广西桂林。黄旭初与唐文治的相识缘于黄炎培的牵线。从此，无锡国专开始了“桂校”时期。

无锡国专师生抵达桂林的那天是 1938 年 2 月 18 日，正月十九，而据唐文治《茹经先生年谱续编》，当年的 2 月 1 日（年初二），唐文治为诸生讲格物定论——无论何时，无论何地，国专师生都坚持学习，足见国专师生对“学习”这件事的坚定与执着。这个春节见证了师生们的艰苦卓绝，也见证着无锡国专由动转静，终于有了相对稳定的条件，可以继续上课了。

当然，校舍不可能如在无锡时那般完善。经过多番安排，师生启动了租赁民房上课的模式。只是平稳的日子并不长久，1938 年 6 月，桂林遭遇空袭，险境频生。6 月底，年迈体弱的唐文治校长因水土不服造成身体不适，不得不返回上海治疗。临行之际，将重任托付给了时任国专教务长冯振。由此，冯振正式开启了代理国专桂校校长的生涯。

冯振（1897—1983 年），北流市山围镇山围村人，字振心，自号“自然室主人”。冯振少时随叔父冯介（著名铁路桥梁专家）至上海，先后就学于上海公学、上海南洋公学和上海交通大学，后因患病辍学。1917 年起先后在广西梧州中学、北流中学、容县中学、无锡国专、江苏教育学院、正风文学院、暨南大学、大夏大学和交通大学任教师、教务主任、教授和校长，其中在国专任教二十二年。晚年任广西师范大学教授及中文系主任，为教育事业尽瘁一生。1938年初，随无锡国专流亡至桂林，租屋授课。随着校长唐文治因眼病返沪，冯振于困苦中担起重任，勉力维持正常办学。

11月，难过的事接踵而来。师生们先是收到广州、武汉相继失守的消息，接着是长沙在大火中几乎成了焦墟。最后，因日寇轰炸桂北，桂林也无法让他们待下去了。无锡国专便从桂林迁往代理校长冯振的家乡——广西北流山围村。自此，无锡国专与北流的因缘拉开了序幕。

无锡国专到了山围，借用冯振家中的“沙梨园”和他的族侄冯建侯的庄园作为临时校舍，继续上课。春节后，开始了新的一个学期。

1939年2月，无锡国专就近在北流、容县招生，收到男女新生共30余名，都是初中学历，计划在国专读五年毕业。加上从桂林迁来的旧生，以及在桂林疏散返家后决定来校复学的学生，到开学注册时，学生人数有60人左右。又过了一个月，返校人数继续增加，在读总人数远超预计的70人。事实上，受到战事的影响，按教育部的要求想招收到足额的高中毕业生是困难的，可又因战事的原因，失学的初中生不少，于是无锡国专发挥了“探索培养人才学制创新”的精神，在2月开创新例招五年制生，后在7、8月再向教育部申请核准。教育部对无锡国专在抗战时期克服重重困难坚持办学，给予了高度的肯定，对于先招生后申请的做法，不但没有指责，反而很快进行了正式的批复核准。惋惜的是，无锡国专在抗战胜利回到无锡后，五年制仅毕业了两届学生，随院系调整后，这种方式也随之消失。

然而，山围校舍无法容纳新招收的学生和陆续来复学的学生人数。怎么办呢?

“不用担心，迁往萝村。”在这个关键时刻，北流老乡、挚友陈柱的一句话，解了冯振的燃眉之急，给雪中的无锡国专送来了热炭。无须说，在背后支持陈柱的陈氏族人是他说这句话的底气。就这样，无锡国专于 1939 年 5、6 月与北流萝村相遇，开启了在萝村两年的办学生涯。

于是，便有了王桐荪跟随冯振到萝村考察这事。

王桐荪回忆说:“先生和我前去勘察萝村的陈氏宗祠，宗祠气派不小，我们在荔枝丛里穿过居民点，向村西走数百步就到了。”(刘小云《陈柱生平及其学术思想研究》)

考察的结果自然是满意的，他们的原话是:

占地不下四五亩的大祠堂，坐北朝南，前后三进，高大宽敞的厅堂和左右厢房，若逢盛会，可供二三百人食宿。祠堂左侧有一大鱼塘，屋前屋后茂盛的荔枝树环抱着，远看就像一片荔枝园，房舍掩映于浓荫中……有此充当校舍读书，满目青山，鸟语花香，琅琅的读书声，和不远处一条大河的流水潺潺及古老的水车咿呀声相呼应，可以想象这是一个多么令人向往的读书好去处。

（刘小云《陈柱生平及其学术思想研究》）

就这样，一所国学高等学校，在特殊时期，在战火纷飞的年代，偏安于岭南一个古老村落，凭着北流人陈柱、冯振矢志办学的信念，依靠庞大而团结且热心教育事业的当地宗族支持，赫然出现在万山丛中，在茂盛的荔枝林下。

纷纷上学去

“无锡国专迁到我们萝村来了！”在1939年的初夏，这个消息让萝村人兴奋不已，青年人热血沸腾。

早些年，村里的陈柱在上海教书，除了让自家的4个孩子报考无锡国专，也带族孙陈千钧，族人陈拔彰（字实夫）、陈学裘（尚同）、陈起昌、陈起绍，以及容县的周畅旦等至少6人到无锡考入无锡国专就读。应该还有一些别的广西学子，只是我无法知道有多少人。村里想读书的人那么多，不能去的人有多羡慕啊！现在好了，无锡国专迁来萝村了，对于那些渴望读书的学子是千载难逢的机会，陈二百和陈拔誉就是其中的2人。

其实，陈二百曾经离无锡国专只有一步之遥。当初，他在北流中学毕业后到上海去，是奔着伯父陈柱去的，也是奔着无锡国专去的。遗憾的是，他在报考无锡国专期间，得知在萝村老家的祖母去世后，又不得不跟随陈柱返回老家，回家后便留在萝村打理家务事，然后结婚。本以为自己这辈子都没有机会读书了，谁会想到，无锡国专竟搬来了萝村，他能不热血沸腾吗？之后，他报考的是五年制的国专，在萝村学习两年，后来无锡国专迁去桂林，便又去桂林读了三年，才正式毕业，之后也从事教育工作。

后来，我从陈二百的儿子海镗叔这里知道，那时为抵抗日军入侵，阻止汽车通行，所有的公路都被挖得坑坑洼洼。从北流往桂林读书，需步行或乘木船前往。三年间寒暑假期往返桂林学校的交通工具，陈二百靠的是一架旧抓斧牌单车。

而村里的陈拔誉同样渴望投入无锡国专的怀抱，渴望得到名师的指点。尽管这时候的他已经大学毕业，还找到了工作，可无锡国专是当时全国唯一以国学为专科的正规学校啊！而且本村的叔叔陈柱曾是国专的教授，怎能错过呢？此时的他还不知道，这三年国专求学经历，为他日后走上教育岗位埋下了伏笔。

实际上，无锡国专欢迎每一位想就读的人来报名，不管年龄大小，不管学历的高低，只要你国学基础够好，考试过关就会被录取，就有资格成为无锡国专的学生。当时，村中一批年轻的学子都通过了考试，成为无锡国专的学生。只是，由于时局变迁，出现了各种各样的状况：有的领到毕业证，有的没领到毕业证；有的学了一两期就因家庭情况无法继续读下去；有一些甚至连记录都没有，尽管他们参加了学习与考试。

那时的上课地点是一座宗祠——永康堂，大门一般都敞开着，除非遇上冬天彪悍的风，才把大门关起来。在这间府邸的二进厅堂上摆着一张四方桌子，站在四方桌前的教师，对着地坪上的学生讲课。教师先是站着讲，站累了就坐着讲，坐了一会儿又站着讲，如此反复。地坪上摆着一张张书桌和一条条长凳子，桌子旁边挤满了学生。有时，实在没有地方坐了，就把入门的屏风搬开，来迟的学生都自觉带着小凳子来，把凳子放好坐下就认真听课。有的人把笔记记在本子上；有的人把笔记记在纸上，回家再用绣花针像缝衣服那样把纸缝起来；有的来得匆忙，连纸都没带，只好认真地听，回去再转抄同学的笔记。尽管这样，也算是好的。雨来的时候，连两边的走廊都挤满了听课的学生，二进厅堂上站着的学生几乎挨着讲课的老师了，可还是站不下。怎么办呢？有的学生干脆戴着斗笠，站在雨里听。天上的雨水滋润着地上的泥土，而厅堂上的老师讲的话同样滋润着那 100 多人干渴的心田。

陈拔誉住在村东，从村东走到村西，地坪和走廊早就站满了学生，有时实在挤不进去了，他只好站在入门处，把脖子伸得老长老长的，像极了自己家养的鹅。伸着脖子，笔记一样不能拉下。这些坐着记、站着记、蹲着记的笔记，最后的命运真是坎坷，在那个特殊的年代连一本都没能留下，在一次次的抄屋中丢失，就算没有丢失也不敢留下。不敢留下的还包括几十个账本，满满当当的一箱子，都被烧掉了。能逃过一劫的只有百来本老书，以及一两本无锡国专的教材。

那些被丢进灶膛里烧掉的账本中，自然也包括了萝村的首富陈拔彰号召村里人为无锡国专捐资捐物的记录本。

说起陈拔彰，还是绕不过无锡国专。陈拔彰是无锡国专第二届入学新生。据说，那一届新生总共招收 31 名，而北流就招了 2 名。无锡国专迁到萝村时，陈拔彰已经成为无锡国专的财务主管。因要管理账目，还要想办法筹款，他思来想去，便请家里管账的先生——父亲陈兴周帮忙管理账目。

特殊的年代，学校的经费又基本没有，学校由原来的数十名师生慢慢发展到 200 多名师生，如果只靠学校那点办学经费，必然是吃了上餐没下顿。

> 学校的经费也趋于枯竭。抗战前，教育部对立案以后的国专每月给予补助款 3000 元。全面抗战爆发后，教育经费严重短缺，教育部不得已将补助款实行六折发放，减至每月 1800 元，不久沪校复校，这 1800 元由两校平分，每处各 900 元。况且战时的物价飞涨，桂校的处境更为困难，常常落到山穷水尽、几乎难以维持的地步。
>
> （陆阳《无锡国专》）

经费这么困难，常常是入不敷出，账本还需要记什么呢？陈拔彰是无锡国专的教师，怎会袖手旁观？于是他号召村里人捐钱捐物，哪一位捐了钱和物，钱有多少，物又是什么，就需要专门记录了。于是慢慢地记录本就多了起来。

当然，我之所以知道上面的情况，都是陈兴周的孙子、陈拔誉的儿子陈乔柏教授告诉我的。而他也是不经意间，断断续续听他父亲口头讲述的。烧掉那些资料，一方面救了陈乔柏教授的整个家庭，一方面也让珍贵的历史资料消失得一干二净。凡事有得必有失，又岂能双全呢？乔柏教授还告诉我，陈拔彰经常自掏腰包为无锡国专师生采购粮食和蔬菜，还拿钱出来奖励品学兼优的学生。

除了捐资捐物，无锡国专的师生还需要住的地方，住哪里呢？我在刘桂秋老师编写的《无锡国专编年事辑》一书里，找到了部分答案：

> 首先映入人们眼帘的，便是国专第二宿舍那幢巨厦，那里住有总务主任蒋石渠先生的家眷和谭之良先生，还住有四十多个新来的同学，这一来师生间的感情格外地融洽了。从第二宿舍前行数十步，在那丹荔苍松交相掩映下的庄肃的校本部，就呈现在人们的面前了。

在村里能称为巨厦的房子应是陈拔彰家的五层青砖（熟

砖）楼，陈拔彰家的五层青砖楼作为无锡国专的师生宿舍来使用，对师生们能安顿下来无疑起到了重要作用。据说，那时陈拔彰家族在萝村是首富，甚至在民乐镇也算得上首富。家里建筑占地面积 200 多平方米，屋前屋后左右还有很多泥砖瓦屋，可供使用的面积不少于 2000 平方米。而他家族有 500 多亩田产，占了萝村一个村 2000 多亩田地的四分之一。不过，这栋五层青砖楼在 1949 年以后被拆了，那些青砖被拿去建新的大队办公场所，现在已荡然无存。

后来据海镗叔的回忆和现场考证，陈拔彰家的那幢巨厦离无锡国专校址并不止几十步远，离校几十步远的应该是指统领屋。其实，不管是陈拔彰的房子还是统领屋，房子的主人都曾无私地将屋舍腾空出来给了无锡国专的师生住。而岁月流逝，记忆叠加，大部分当事人对细节的记忆难免模糊、迁移。但相信他们无论走到哪里，无论何时忆起，都会对这“萝村”两个字心生温暖。

村民眼里的国专生活

国专在萝村时期曾经使用过统领屋。

统领屋是清朝陈开漠（宜庆堂古炮楼的屋主）其中一个孙子陈拔琇的宅邸。民国初期，军阀混战，山贼猖狂，为保护村民的安全，陈拔琇组建民团一百人左右，在统领屋开设兵工厂，制枪造炮。盗匪和山贼闻知此事，也不敢来犯。后来，陈拔琇率领民团到广东投奔革命，获任统领，从此这间屋子就被称为统领屋。

这是无锡国专另外一名学生陈起昌祖上的房子。无锡国专搬到萝村办学时，统领屋里面还保留着一座原有的旧二层民房和廊屋，此外，还新建了一座三层洋房，这座新房子被主人家让出来，成了国专师生的宿舍。后来，这里又成为大型电视连续剧《红七军》的拍摄点之一。

那时，陈起昌已任容县高中校长，他的侄女、现年（2024 年）89 岁的陈振嫒对此印象十分深刻。当时陈振嫒只有六七岁，尽管已经过了 80 多年，可她对无锡国专来到萝村的记忆，依然还是那么清晰。

统领屋　刘军／摄

当时，那位被大人称为“钱教授（钱仲联）”的人带着一些大哥哥大姐姐，手里拿着行李搬进统领屋的洋房时，陈振媛便知道村里搬来了一所大学。那所伯父陈起昌也读过的大学，那所村里的长辈陈柱、陈一百、陈千钧、陈拔彰……也在那里教书的大学。她之所以知道这些，是从母亲和邻居的唠嗑中得知的。为何村里人都想着去这所学校读书和教书呢？这到底是一所什么样的大学呢？那时的她心中有着很多疑惑。

每天清晨，陈振媛拿着课本走出家门准备去上学的时候，路边早已站着在做早操的国专学生，朝阳中，他们一个个精神抖擞。尽管母亲告诉她，这些学生有时一天才吃两餐，正餐吃的也都是青菜汤水拌饭，很少见到肉片。可从那一张张瘦削却乐观的脸上，她从没看到过厌倦读书的神情。

等听到他们的朗读声响起的时候，陈振媛才猛然醒悟——自己上学快迟到了，于是撒腿向学校跑去。每次上气不接下气地走进教室时，她总免不了狠狠地告诫自己，下次不能再看他们做早操了。可到了第二天，她又把这个念头忘得一干二净。为此，她天天到教室门口时，都是大口大口地喘气。

下午放学，回家路上，她看到三三两两的国专学生，在村中做各种各样的事。有的在荔枝树下读诗，有的在斗口河游泳，有的在球场打球，有的在十万卷藏书楼、二凡楼看书……当然，还有的留在教室做作业。荔枝熟的那些天，母亲让长工每天摘一些下来，装在菜篮子里，唤陈振媛给钱教授和学生送去，钱教授就会告诉她，荔枝富含葡萄糖，营养丰富。她不懂这个，只知道自己天天馋吃荔枝。

海镗叔后来也和我提到过一件和荔枝有关的事。当年，荔枝成熟的时候，一些来自江浙的学生，从未见过令人垂涎欲滴的荔枝，忍不住摘来尝尝。冯振校长知道后，马上调查此事。第二天，吃了荔枝的学生赶紧凑了现金挂在荔枝树上。村人觉得无锡国专纪律严明，写下一首打油诗，贴在“壶隐铺”（村中中药店）外：

国专学生饱读诗，早慕飞骑送贵妃。

垂头丹荔心里思，月夜爬树尝荔枝。

横眉校长追查急，谁人得吃肚皮知。

思前想后妙计施，绑树桂钞三十支。

（注：桂钞，当年桂系军阀发行在广西流通的纸币，单位：支。此打油诗，由陈二百的儿子陈海镗根据航天科技专家陈奇妙口述编写。）

到了晚上，那间大祠堂，亮起了一盏盏煤油灯。每盏灯下，围着三四个在啃书的脑袋。晚上的读书声，在萝村

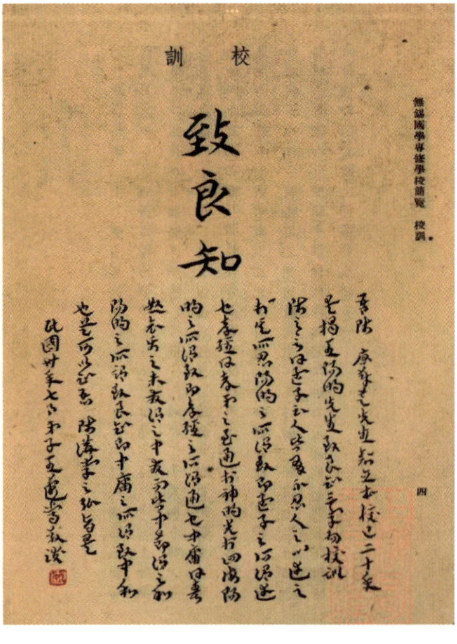
校訓

致良知

無錫國學專修學校簡覽 校訓

四

无锡国专校训　陈海镗／供图

的夜空久久不散。可有一个晚上例外，在一间被师生叫作礼堂的房子里，一盏汽灯发出耀眼的光，把整个礼堂照得如同白昼。听说那天是六三禁烟日，礼堂里挤满了人，除了师生，还有村里的大人、小孩，男的、女的都拥进来，听一位叫郑师许的教授讲林则徐禁烟的历史。那天晚上，陈振嫒听着听着，便在母亲怀里睡着了，迷迷糊糊中，大人们才散去。第二天，听母亲说，这是大学里面一个叫什么史地研究会的开展的一个活动。

其实，在炎热的夏天，陈振嫒还看到了一位远道而来的诗人孟先生。他站在那个大礼堂里，满头大汗地讲着关于那些村里人听不懂的什么诗学问题，一讲就是两个小时，接着又作诗，那些学生也作，师生们都很高兴。

还有，那位蒋教授（蒋石渠）不知道从什么地方弄来许多听说叫作碑帖的东西，向学生一一加以解释和批评，最后把这些碑帖展览起来，让学生临摹，学生都兴奋不已。

让这些师生兴奋不已的还有周六。有的时候，教授们会被良田尚德堂、二凡楼、嘉积堂、益生堂（熟砖楼）等房子的主人邀请过去聚餐饮酒，吟诗作对。大部分时候，教授们则各自带着组内的学生们到白水岭下寻觅，或到附近的郊野漫游，又或是在河边畅谈。他们常常待到山上的牛羊披着金色的霞光下山时才舍得回来。有时还带上那匹马。对了，那个叫吕教授（吕集义）的就养有一匹马，养在隔壁尚德堂二门的空地上。有些胆大的孩子看见稀奇的马一点也不怕，还吵着要坐到马背上。而吕教授先是哈哈一笑，接着抱孩子上马在地坪溜达两圈，满足孩子的要求后，自己再骑上马出去。

可在一些假日，这些学生又忙得很。忙着在村里和圩上做抗日宣传工作，忙着在村里办扫盲班。办得最有成绩的，要数民众阅览室和民众学校，用学生的话来说就是：救国不忘读书，读书不忘救国。关于这个事，在刘桂秋《无锡国专编年事辑》一书里有详细的记录：

> 每在寒暑假中，无论是返乡或留校的学生，也都是深入农村去作兵役运动的宣传工作，尤其是办得最有成绩的，还是民众阅览室和民众学校呢。民众阅览室是整天开放给民众到来阅读的；民众学校，在我们吃过晚饭后，便是那里上课的时间了，班址是借用萝村国基校的教室，有高级和中级两班，学生共七十余名，完全是萝村的妇女，有年逾四十的老太，有年轻的少女，有十龄的女孩，他们都很高兴的学习着，每晚上两堂课，等在民众学校下课归来，也就是我们快到上自修课的时候了。

我从陈振媛老人家口中得知（由于老人家有点耳背，全程都由她的女儿雷爱芸在一旁帮忙转述），她的伯父和她都从事教育事业，为广西的教育事业奉献终身。

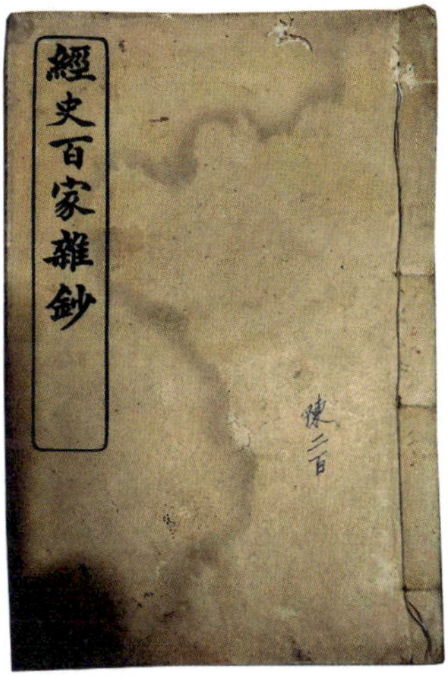

陈二百读无锡国专时期的课本
陈海镗／摄

1941 年 7 月，随着局势的稳定和学校出现的新变化，产生了一些新的问题，国专有了迁回桂林的决定。至此，师生在萝村的工作、学习生活，进入了尾声。无锡国专在萝村两年的稳定办学，为迁移打下了坚实的基础。

1941 年 9 月，国专桂校由北流萝村迁至桂林穿山。直至 1944 年 9 月，国专桂校在桂林穿山度过了 3 年安稳的时光。之后，受到战争的影响，国专桂校和远隔千里的沪校同样命运多舛。

1944 年 8 月，日军攻陷湖南衡阳后，准备继续进犯广西桂林、柳州。国专桂校不得不采取紧急疏散的方案，大部分广西籍学生各返原籍。代理校长冯振与留校师生员工离开桂林。1944 年 11 月 10 日，桂林沦陷，国专师生倾注 3 年心血苦心经营的穿山校区，在战火中瞬间化为一片废墟。这个消息，让此时已转移至蒙山的师生伤心不已。到了蒙山后，蒙山利用桂校的师资力量，创办了“黄花学院”。12 月 10 日，日军攻陷新圩，逼近蒙山，没有办法的师生只好选择继续转移。可是，就转去哪里出现了不一样的意见。然后，便有了两队人马。一队步行退避至瑶山金秀。一队人马去往蒙山古苏冲等地，最后重回北流山围村。后因瑶山粮食缺乏等原因，在金秀的师生也回到山围，两支队伍又会合在一起。

1945 年 8 月 15 日，日本宣布无条件投降，抗日战争取得胜利。巨赞法师、饶宗颐、冯振、蒋庭耀等师生，在山围这个小村庄，终于迎来了曙光。1946 年 6 月，桂校师生 100 多人终于回到心心念念的国专大本营，完成了漫漫 9 年的文化长征之路。冯振内心盛大的喜悦，从这诗句可以看出：九年桑海饱曾更，旧地重来似隔生。也正是因为有了无数像国专师生一样的国人的坚持，中国才能延续着中华优秀传统文化，中华文脉方能赓续传承，发扬光大。

1950 年 5 月，无锡国专作为一所国学专修学校，完成了它的使命，像一条涓涓支流并入了苏南文化教育学院。至此，一所在民国时期具有非凡影响力，值得中国教育界回望的学校，画上了句号。1952 年，苏南文化教育学院随院系调整到苏南师范学院，该学院后更名为江苏师范学院，成为苏州大学的前身。

无锡国专前后多次更名，每一次更名的背后都伴随着许多无奈和艰辛，可无论怎么更名，最后都抹不掉无锡国专走过的30年非凡岁月。30年里，无锡国专朝着“继承中国文化、保持国粹”这个目标来办学，最后上升到“救吾国、救吾民”的高度；它始终坚持“正人心、救民命”这个唯一的主旨，走完了它艰难而又丰美的一生。

心系国学发扬光大的唐文治，在1954年春离开尘世的那一刻，心里最放不下的，还是无锡国专。那时身体孱弱的他躺在病床上，青筋暴现且皱巴巴的双手紧紧握着自己的得意门生王蘧常的手，两行浊泪从失明几十年的眼窝里流出，哽咽地说出了临终遗愿：将来条件允许，无锡国专应力求恢复，此乃关系到保存、研究、弘扬中国传统文化之大事，非一校之存废而已……复校大业，全靠老弟了！

无锡国专与萝村相识是一场双向奔赴的爱。萝村张开怀抱迎接无锡国专的到来，给予国专的爱，包括捐资、赠物、赠书，以及很多别的无法计算的帮助。为此，王桐荪发出了感慨：

在万山丛中能有这样条件好的房屋作为校舍，确实出于意外！非但楼宇完好，不需修缮，不要租金，还借用祠内的部分桌椅等设备。对所有陈氏族人如此的支持国专迁校，如此重视中华文化事业，实在令人敬佩！

（刘小云《陈柱生平及其学术思想研究》）

无锡国专更是尽自己的力量回馈萝村，给萝村留下独一无二的礼物：为村里的人扫盲，让萝村的识字率远高于其他村；让年轻人陈二百、陈拔誉等学子有机会入读无锡国专。当然，无锡国专爱屋及乌，大量招收北流本地学生，甚至还辐射到容县及至桂东南一带。这些学生毕业后，有的在全国各大高校任职，有的在北流中学和容县中学任教，他们身上打着国专的烙印，是国专的骄傲。

影响深远

与无锡国专有缘分的远不止萝村，还有江苏、上海、湖南等省份，以及广西的桂林、蒙山、金秀、山围等地，可现今留下当年痕迹的就只有萝村了。萝村完好地保留着那些曾有师生足迹的校舍、课室、寝居地等遗迹，还有当年与学生朝夕相处的荔枝树，以及那些承载着师生喜怒哀乐的祠堂、池塘、古戏台、云山寺等场所，这些都是萝村为无锡国专珍藏的最美好的礼物。

不管何种原因，无锡国专历尽劫难，万里迢迢地开展了一场文化的长征，来到了萝村，这是他们之间的缘分，一份不可更改的缘分。这份缘分，给永康堂、陈辅邦祠等府邸留下了不可复制的历史文化背景，这无论对萝村，还是无锡国专，都具有不同凡响的历史价值和意义。无锡国专的到来，也成为北流乃至桂东南的重要历史事件，对周边地区乃至广西的文化、教育、政治、经济都产生了深远的影响。

更难能可贵的是，萝村与无锡国专的缘分一直延续至

无锡国专旧址内部　刘军／摄

今。2020 年 11 月 18 日，萝村迎来了无锡市调研组。在纪念无锡国学专修学校创办一百周年的时刻，他们来到萝村，开展无锡国专西迁调研。

而无锡国专萝村研究会，也带着一颗学习的滚烫的心，在 2023 年 11 月前往无锡市无锡国专纪念馆。他们要学习无锡国专的重建经验，然后将无锡国专在萝村的资源变成北流的一张独具匠心的文化名片，让无锡国专留在萝村的文脉永远流淌下去，让文化遗产和古村落的精神能更好地促进萝村的成长。

2023 年 8 月 17—18 日，中央电视台纪录片《风雨国学魂》摄制组及无锡市国专历史研究会和无锡媒体一行来到北流。纪录片《风雨国学魂》共分 6 集，每集约 25 分钟，其中有一集专门讲述无锡国专内迁桂林、北流等地，特别是在萝村办学的历史往事。摄制组一行在北流期间，就节目拍摄开展前期调研，先后到北流无锡国专萝村旧址、山围旧址等地踏勘，与当地村民进行深入交流，了解情况。在历史古迹众多的萝村，无锡国专旧址显得格外突出。在萝村人眼里，这是无锡国专留给萝村的一份特殊又宝贵的精神财产，是萝村的千秋幸事。

如今，一座承载着对无锡国专的记忆和文化的纪念馆已在萝村建设。一个小山村曾因自己的慷慨，为无锡国专排忧解难，从而有了无锡国专萝村桂校的尊称，四方名师荟萃于此使得村庄的国学教育更加昌盛。无锡国专带着 70 多位学生进入萝村，两年后迁往桂林校区时，学生的人数竟达到了 200 多名，多了近两倍。无锡国专在萝村期间为国家培养了众多的国学人才，作出了不可磨灭的贡献。而萝村在无锡国专 30 年的办学生涯中，曾隆重地参与其中，这让后人得以有渠道了解那个时代的文化印记以及那一代人的精神追求。

状元走过的地方

▼井水哺育出众多的人才，这井又被村民尊称为「状元井」。

胪云堂航拍　刘军 / 摄

壶隐铺

时令正是大寒，温度最低 8 度，最高 16 度，天上有灰色的云，地上有轻微的东北风。

长坡头组的路边，开得正盛的是鬼针草。白色的花瓣，黄色的花盘，寒风中，它们竟开得如此的恣意、舒坦、忘我。在南方乡间，鬼针草并不引人注目，只是在果实成熟的时候，不管谁经过它的身边，都会被它缠上——它是那么的向往远方。

前面那个众人聚集坐着的地方是壶隐铺的旧址。这曾是一家百年老店，店外挂着一副很有意思的对联：壶中乾坤大，隐里日月长。也许，壶隐铺的名字就是这样得来的吧。壶隐铺实际上是村中大户树桂堂开的一个店铺，主要卖中药和杂货，当时请玉林玉州区高山村的一位牟姓先生在店中坐诊。从这一点看，壶隐铺或许还有“悬壶济世，隐在乡野”的意思。

有意思的是，玉州区高山村也是全国传统村落，平时和萝村联系也很密切，逢一些节庆活动、表演，两村还互通往来，互相观摩。

彼时，壶隐铺是村里的信息中心，曾贴过一张隐名大字报（当时也叫作上白头帖）。据说，当年村中五品官陈宗鲁的大儿子陈开球对父亲先为弟弟陈开熙办理婚事一事，内心不满，便偷偷在店的空白处贴上一张大字报，上面清楚地写着：既名秉礼（宗鲁号秉礼），又作无礼，不娶亚哥，先娶亚弟。事后，这个儿子自然少不了一顿军官父亲的皮肉教训。

壶隐铺还是大人和孩子都喜欢待的地方。大人来这里聊天、下棋、讲故事，小孩子来玩拆字、拼图、猜谜语、听故事，各得其所，谁不喜欢呢？爱书、藏书、读书是这里世世代代传下来的好习惯，能讲故事的高手比比皆是，这个讲完，那个接上，从不间断。可惜的是，在 20 世纪 70 年代，店被拆除，那份热闹也戛然而止。

时间早已走过了陈宗鲁的大儿子渴求结婚的时代，进入了 21 世纪，壶隐铺已经被一个简单的小卖部代替。小卖部门口摆着几条木凳，木凳常常坐满了来聊天的老人。

年前的气息渐浓，周边不知哪户传来《喜洋洋》的歌声，铺边的不少家庭正在清理房前屋后，执执拾拾，还有大叔阿婶正在制作腊味，一挂挂的猪肉和香肠悬在院子里的竹篙上，有的已经被太阳晒过风干，猪油一滴一滴地落在地面上，洇出一小片一小片渍痕。

状元井

“壶隐铺”往前十几米，在路基高达两米多的水泥路右侧坎壁水田边，有一口水井——因为路面刚好呈凹弯状态，外人很难发现这隐藏在路脚下的水井。沿着台阶走下，可见水泥矮墙刻着三个大字：状元井。

状元井，据村里老人说，起初人们叫它塘边圩井。它一边靠着池塘，一边靠着大路。塘边圩井世世代代养育着半个村子的人们，每天早晨都能看到担水人的身影。井水哺育出众多的人才，光是清朝年间就走出了6名京官，其中从一品、四品、五品各1名。因而这井又被村民尊称为“状元井”。

相传，状元井底的泉眼喷出的不仅仅是泉水，还有8颗小石子，不多不少，刚好8颗，妙得很。每隔半小时，8颗白色的如拇指般大小的石子从泉眼里浮出来，15分钟后又悠然地回到泉眼去，日日夜夜，年年岁岁如此。

听村里人说，萝村的古井一共有6个，状元井只是其中之一。如今，我们已无法看到状元井的原貌，以及众人纷至沓来挑水的画面了。圆形幽深的井口，直径 1.5 米左右，深大概 3.5 米，井壁由形状不一的大石块砌成，石块上布满青苔，一些蕨类倔强地从石块的缝隙中钻出来。

我蹲在状元井前与它对视，仿佛注视着一位时间老人，关于它的前尘往事，也依稀在眼前显现。那时，井水清澈，可以照得见人的影子，也可以把天上的朵朵白云悠然地照出来。清凉甘甜的井水滋润着这片大地，也滋润着萝村外出赶考的考生。赶考路途遥远，为了避免水土不服，很多考生随身携带的必备之物就有茶水，而泡茶之水就来自这个古井。赶考路上，酷暑炎热，考生走累了，倒出壶里的茶水喝一口，疲劳瞬间就被赶跑。据说壶里的茶水可以留着喝几天，味道也不会变。

因有了这口常年不干枯的井，生活在这里的人们仿佛世代守着一份殷实的家底，心里自有一股底气。如今，新时代的人们已经喝上了来自白水岭的山泉水，老井光荣地完成了自己的使命，仿佛一位功勋卓著的老人，安然地躺在偏僻的角落，气定神闲。它静静地凝望天空，安处大地，亦如一直坚守在萝村的人。

池塘美学

跟着乔柏教授，走走停停，过水泥路，经过池塘，又过石板桥，再走上一段阶梯，脚步在深深浅浅中，像是踏在萝村古韵的平平仄仄里。

路过一户人家，两个小孩正在门口走象棋。我悄然地走近，双方正处于紧张的战斗中，战得难分难解，一点也没注意到我这个外来者。听着他们一声声的“将”，我仿佛看到当年陈宗鲁、陈开桢、陈柱等萝村学子的身影。

这户人家的阳台边，有一个硕大的花盆，花盆里那一朵朵月季笑逐颜开，在这春日里显得格外的妩媚。几只蜜蜂围着月季嗡嗡振翔。门口前面一张池塘静静地卧在那里，按照村俗，这是生态塘也是风水塘。池塘边的柠檬树上还挂着一些红灯笼，显示春节这个喜庆的节日还没走远。小小的红灯笼，调皮的风一过来，灯笼的穗子就优哉游哉地荡过来又荡过去。

此刻池塘里有几只鸭子在戏水。它们来往穿梭戏水，我几乎没有办法辨认出哪只是哪只。

池塘在萝村一点也不让人陌生，在经意和不经意的行走中，你都会看到它们的身影。大大小小的池塘像一面面镜子，照出了属于萝村的一方天地。这些池塘绕村而筑，紧跟村子的步伐，更有甚者是紧紧挨着房子。穿行在村子中，红花绿树，水气氤氲，让人产生一种江南水乡的错觉。

早些年，陈乔柏教授还专门以萝村古池塘为例，写了一篇论文《简论中国传统农业发展中池塘元素的作用》。里面提出“池塘美学”这个概念，对萝村池塘进行了三个方面的统计论述。其中有一段写着：

> 萝村的古池塘，得益于萝村背后大山流下来的两条清溪。这两条终年不息的溪流从东西两个方向环抱整个村庄，这使得萝村顺理成章地拥有既有联排又有独立的众多水塘……萝村原有古池塘 79 张，面积近 200 亩，解放初期为 23 张，面积约 69 亩；现有 14 张，面积 14.2 亩。目前现存最大古塘就是良田塘，面积 2.0 亩。

论文中提到，中国的古池塘在逐渐减少，而令人欣慰的是，萝村的古池塘目前保留下来的还有 14 片。“14”这个数字在北流范围内各个村子里古池塘的数目上，应该算是大数了。

乔柏教授提出“池塘美学”这个概念，想必与珠三角和长三角池塘遍布的环境有关，至少从我到珠三角观赏过的蔗基鱼塘、桑基鱼塘来看，这个美学概念是站得住脚的，甚至是创举。池塘在萝村已然成为一种美的存在，它们与不远处的北流河支流斗口河，以及背后的白水岭，乃至大容山互为兼容，相得益彰，美得天然，美得铺满文意。所谓人杰地灵，萝村世代出才子，想来与这种大山秀水分不开。

带着探究的念头，在一个阳光倾泻而下的下午，我专程到萝村探访了良田塘。我总觉得给池塘起名在萝村人眼里是件有意思的事，既随意又认真。有的是就地起名，有的是因塘的大小而起，有的是从作用来取名，有的是因形状而得名，还有的是用祠堂来命名，真是信手拈来又别具一格。大概，在有文化底蕴的村子里，取名就是这么霸气，想怎么来就怎么来。

良田塘在无锡国专旧址（由永康堂与陈辅邦祠两处宅邸组成）门口。良田塘可长了，从永康堂门口一路走过去，经过陈辅邦祠、宗鲁府、进士屋，最后在一棵荔枝树处，宽敞的池塘才舍得收住它的脚步。这个池塘不是简单的池塘。说它不简单，是因为它的岁数比现在萝村里任何一位老人的岁数都要大，而且它也颇受当年无锡国专师生们的喜爱，爱到他们常用朱熹的诗来称赞它："半亩方塘一鉴开，天光云影共徘徊。"这是一片有资历的古池塘。

眼前这片池塘像一面会发光的镜子，镜子里的荔枝树、龙眼树、三角梅在舒展着身姿，落在树上的几只麻雀在小声谈论，像在试探我的反应，它们的语言我无法破解，更不用说给予回应。它们吵吵闹闹一番后，扇动翅膀飞起来，在池塘四周盘旋一圈，又回到树上，来来回回，一点也不嫌烦。

池塘边的荔枝树，树龄已有 *350* 年左右
刘军 / 摄

古城堡

萝村是一个文脉深厚的地方，也是一个富足的地方，却也成为了旧时远近盗贼土匪惦记的地方。可萝村是个什么村呀？她的孩子能文善武，面对盗贼岂会束手无策，更不会让盗贼来欺负自己家啊！

为了对付猖狂的强盗和土匪，萝村的几位有影响力的人士，在清光绪辛巳年（1881 年）筹划建一座构造奇特防卫森严的古城堡守卫萝村。这几位筹划者就是榕城堂的主人陈宗翰及其三位兄长陈宗文、陈宗昉、陈宗经。他们为了村民的安全着想，竟然各自拿出巨额的资金来修建这座城堡。

据说，这座城堡的墙基厚达 1 米，高达 3 米，主要用石块、灰浆砌筑而成。在此基础上用泥砖又加建 3 米，铺设的两层砖的结构是一横一直，呈丁字形砌建。在高 6 米的城基墙上，建一座二层长廊。骑楼式的长廊约 3 米高，环绕着整个城墙。长廊地面横铺 2 米长的木板，内向面防护木栏约 1 米高。长廊又称为城楼。

城堡建成后，城墙约 937 米长，是萝村的第三级防御工事，守护着榕城堂和树桂堂，以及陈锡门祠、陈郷林祠和陈克诚祠三座祠堂。从高空俯视，古城堡就像一个巨大的躺着的“6”字。进入城楼的门楼有多个，东、南、西、北各有一个城门。城门的防卫有三层，为坚实的直笼柱、横推桄以及厚门板。除了这个，城门上还设有喷水管，自然是为了抵挡匪盗用火攻城门用的。整个城墙周围有 15 座炮楼，陈克诚祠前的城门还设有两门大炮，萝村人叫大炮为“生狗”。从这些地方足见设计城堡的人意志之坚韧、心思之细腻缜密。当然，城堡也不负众望，建成以来，在清末盗匪猖狂和民国社会复杂的峥嵘岁月，牢牢保护了村民的安全。

我曾走访过兴业榜山村、福绵沙田村，这些古老的村落几乎无一例外有古宅、旧祠堂、古炮楼、古寨、古城墙、古井、古晒场，处处散发着古朴醇厚的气息。而外墙、炮楼、通道、枪炮眼、月池、大门以及护城河、水井、粮仓、栅栏等，是桂东南古民居防御体系的主要元素，并由此形成外围抵御、内部组织和生活供给三个部分，从而构成一套完整的防御体系。萝村城堡的装置，同样属于这一种结构体系。

古城堡这种具有防卫性能的建筑在萝村出现，绝不是偶然的，它跟村里人们崇尚读书、重视功名、人才辈出、渴望国泰民安的民风紧密相关。

凝视着萝村古城堡，我的脑海中不禁浮想联翩。

某个夜里，没有一丝风掠过，更没有一颗星星出来，连鸣虫也害怕得躲藏起来了。躲藏起来的还有萝村的村民。白天隐藏在山高林密的白水岭上的300多名匪盗，那一刻全部出动，把所有的武力集中起来，对着古城堡东面地段，没有片刻的犹豫，就猛烈地射击。“突突突！突突突！……”炮火轰鸣，然而，一小时过去了，又一小时过去了，城墙尽管弹痕累累，却始终牢不可破，匪盗们低估了这个城堡，更是低估了村民的智慧。最后，众贼不敌城堡“生狗”的火力，仓皇而逃。

这样较大规模的匪盗袭击，古城堡曾遭遇过三四次。

萝村还有一个人曾因剿匪而获得奖励。在清咸丰年间，他组织村里民团剿匪有功，清咸丰皇帝特赐“先斩后奏”大印一方给他。这个人就是胪云堂的陈开运，号虞廷，擢

古城墙与它守护的村庄　刘军／摄

用选府经历军功保举钦加六品衔，赏戴蓝翎，诰授奉直大夫。他对盗贼从来不手软，来一对，杀一双，有些贼刚涉足萝村地界就被杀了。渐渐地，贼人不敢再打萝村的主意，加上有皇上钦赐的“先斩后奏”大印在此，足够让众贼闻风丧胆。

胪云堂是陈开运的府邸。此房舍属三进式四合院，建筑面积 1900 平方米，墙上的壁画精美，边上还有一栋叫绿竹居的建筑。两者加起来共有 9 间厅堂、18 个天井。为此，村人说“九厅十八井”，大家就心知肚明指的是胪云堂。胪云堂头进为奉祀先祖的祭堂，二、三进有东西两侧，有花厅、客厅、厢房近二十间，横廊顶端塑有吉祥物。吉祥物是花样的，颇有特色。

获得“先斩后奏”大权的还有萝村的林氏宗祠。在清同治年间，萝村林氏祠堂先后有叔侄两人中了武举人，于是祠堂门前就悬上了“叔侄登科”的匾额，这就是林氏祠堂。据说，在清代末期，匪乱猖獗时，林氏宗祠曾获县令授予“先斩后奏”之大权，一时被传为佳话。

沿着遗留下来的一段城墙，我继续慢慢行走。墙上薜荔的叶子紧贴着古城墙凹凸不平的肌肤，叶子一片紧跟着一片，按着顺序生长，像一片片绿色的鳞片，不慌不忙铺展。那些叶片，又如同一个接着一个顽强成长起来的萝村人，开枝散叶，各地发展。小小的叶子像拇指般大小，层层叠叠的青色的叶子在冬日的微风中淡定地朝我点了点头。

古城墙遗址　刘军 / 摄

薜荔越长越大，结出的果子，可以制作一种夏天解暑的小吃，就是本地叫作“凉粉”的糕状小吃。

紧贴着古城墙的还有多彩的地锦。在这个季节，眼前的地锦只剩下了少许的叶子。大部分的叶子都已远去，像五彩斑斓的蝴蝶纷纷飞走，剩下光秃秃的藤还牢牢地吸附在城墙上，可我还是一眼就认出了它。

爬在古城墙墙头的地锦，像一件失去光泽的衣服，风来了替城墙挡一下风，雨来了就挡一些雨。“只等来年好时光，风吹地锦草蔓延”。唯有等到来年春天的时候，地锦又是奋进的青色，年年如此。穿着这件随着季节变化而改变颜色的衣裳，对于古城墙来说是一件有趣的事情吧。

城堡对于这里的人来说，是与他们的生命紧紧相连在一起的。尽管，现在只留下了古朴荒凉的残垣断壁，可它们永远活在世世代代的萝村人的心里。

古炮楼

有了城堡，当然少不了炮楼。现在我要说的是城堡之外的炮楼。当地人说，萝村一共有十二座炮楼，其中有一座炮楼成了“幸运楼”。

“幸运楼”（宜庆堂炮楼），现为无锡国专纪念馆　刘军／摄

“幸运楼”就是宜庆堂炮楼。这座炮楼取名自一副对联，“读书处世宜尚乐，积善传家庆有余”，由此取了一个名字：宜庆堂。宜庆堂的原主人是陈开漠，清候铨直隶州州判，诰赠奉直大夫，布政司理问加二级。清咸丰年间，兵荒马乱的，丰衣足食的萝村自然成为了大容山和望军山山贼抢劫的理想对象，炮楼就是这个时候被建起来的。炮楼与陈宗鲁府前的三层岗楼前后呼应，一起守护着自西向东的永康堂、辅邦祠、宜庆堂、宗鲁府、进士屋、统领屋、尚德堂（陈柱故居）七座宅院府第。

炮楼的位置在良田组的一排府邸后面的最高点。炮楼

炮楼里的枪眼　翊明／摄

宜庆堂炮楼内部木窗下的镂空花砖墙　翊明／摄

清代炮楼内景　翊明／摄

坐北朝南呈方形，占地 150 平方米，分为三层。第一层为丁字砖修砌，坚固无比。第二层四面有圆形的炮眼，还有枪眼，可以向左右或者是下方射击。顶层四面有一间突出墙体 25 厘米的小空间。这个空间被称为燕子泊壁楼。燕子泊壁楼，是为了阻止山贼接近楼边而设计。为此，它三面有枪眼，可以环顾四周横射，也可以向下方射击。

那天，阳光比较温柔，没有释放出它真正的威力。我们在和炮楼会合之前，先和一位小女孩相遇了。交谈之下，我们得知她叫陈丽霏，刚念初二。白色的裙子把她衬托得更加灵动，调皮的风吹来的时候，披肩的头发就会遮住她的侧脸。她笑起来，淡淡的羞涩跑到脸上，眼睛也会眯成一条缝。

她说，这炮楼她家也有一份。她说这话的时候，眼里分明带着不可比拟的自豪。这里是她的家，就算里面带着炫耀的成分，也是无可厚非的。

阳光刚好照到一楼的镂砖墙那里。青砖砌成的镂砖墙，镂空的形状是一个“十”字形。透过一个个“十”字形的窗口往外看，外面的景象光影迷离。

站在二楼往下看，我想起了那场战争。那场在萝村打了四天四夜的粤桂战争，可谓空前绝后。炮声轰鸣，一颗投弹落在炮楼后背面西北角，炸弹爆炸，飞沙走石。一棵龙眼树正好挡住了飞向宜庆堂炮楼的两片主要弹片，弹片瞬间让树身击穿、树腰爆裂，炸出三个不规则的大裂口。从此，这棵照样坚强活下来的树就成为了萝村的“英雄树”。另一颗投弹落在宜庆堂炮楼前面的天井里，炮弹直插天井底。不承想，天井里的地下排水沟已经堵塞几天，导致天井积有二尺深的积水，投弹遇水成为哑弹，从而使得古炮楼得以幸存。这真是“无巧不成书”，而炮楼也因此被称为“幸运楼”。

如今，宜庆堂炮楼已经走过了 200 多年，依然会走下去。一旁的丽霏说，以后自己会经常来这座炮楼走走，争取当炮楼的优秀讲解员。她这样说的时候，就像在家长面前作保证的模样，认真极了。此时的我还不知道，这座炮楼已经成为了无锡国专纪念馆的选址，也就是说，纪念馆已经在规划设计中。

炮楼后面除了有一棵“英雄树”之外，还有一棵人面子树，这棵人面子树也是村里的古树，而且像这样的人面子树还有 4 株。人面子树，树干比旁边的“英雄树”粗好几倍，树高差不多有30米，像一把撑开的顶天巨伞。那可真是把大伞，有着几百年历史的大伞，常常吸引着孩子来树下玩耍。这时候的人面子树，进入花期的尾声，地上落满了黄色的小花，星星点点。有人把花捡拾放在一起，显得那样的惹人注意，还散发出浓浓的香味，这就像萝村的人们一样，他们走出各条巷子，走出了广西，还走到了世界各地，但无论走得多远，走得多散，萝村人始终跟自己的根联系着，记着萝村的那棵巨型人面树。“人面桃花相映红”，每年萝村里桃花李花荔枝花盛放的季节，总能看到他们从各地回归探亲的灿烂面容。

千年荔王皆树人

▼这三棵树照看这片土地已经有一千年的光阴了。

仙人指路

一株虬曲却又高挺的古树，形如一个巨大的“丫”字呈现在眼前。是的，这是一株饱经沧桑的老树，萝村人陈乔柏教授刚告诉我，它是荔枝树。

“它叫‘仙人指路’，经科学考证，树龄已长达500年。”乔柏教授又说。

见我疑惑，他告诉了我一个神奇的传说。

那晚，清凉的月光洒了一地。一位白胡子仙人驾着白鹤，停在宗鲁府门前的那棵荔枝树顶，对着树下的陈宗鲁说：“汝某日赴广东雷州，可被举荐为官。”说完，一人一鹤便翩然离去。

这么清晰的场景只是自己的一个梦，还是真实地发生了呢？夜里，陈宗鲁揉了揉眼睛，思考再三，还是依言前往。我们只知道，最后历史上，陈宗鲁以军功擢用布政使司经历，分发广东候补加提举衔，历任督粮、查缉、巡捕等职。从此，这荔枝树就有了特别的名字：仙人指路。

老树高约5米，树干粗得需要3—4人才可以环抱起来，

“仙人指路”荔枝树今天依然充满生命力　翊明 / 摄

树皮凹凸不平，呈现出碳化的模样。老树长相奇特，形状像“丫”字形，也像本地孩子玩的弹弓，在这个巨大弹弓的分叉处长着一丛树叶。

后来我才知道，这棵荔枝树因为在 40 多年前的一个晚上经历了雷劈火烧，才长成现在的“丫”字形。

在某个闪电不停、雷一个接着一个地炸响的夜晚，突然，一道闪电连续迅疾地跳动几下落向地面，随即火光把天空的脸映红了半边，高大的荔枝树瞬间被火蛇吞没，紧接着“轰隆——咔嚓”两声巨响，空中杂物飞舞，焦味扑鼻。火蛇彻底消失后，人们惊骇地发现，老树干离地一米高的部位，被捌透了“心脏”，赫然多了三个汩汩流“血”的大口子，流的自然是树皮、树肉和黑黑的烟火，整棵树身被烧成漆黑，仅剩一片巴掌大的树皮，老树气若游丝。

不久，有人磨刀霍霍挥向它，屋主严令制止：“谁敢砍它？谁敢不敬？这是一棵神树啊！”

此后多年，这棵荔枝树就像被遗弃的野孩子一样，自生自灭，无人问津。

某一个春天的早上，阳光透亮，在那黑不溜秋的“丫”头处，新冒出的细小嫩叶被照得格外鲜绿。村民惊喜地奔走相告：“仙人指路”复活了！

村民们都在议论：荔枝树复活了，莫非预示着我们萝村人的好日子又要到了？

渐渐地，巴掌大的树皮开始一年比一年扩大，逐渐长出新枝，继而开花结果。而这一次遇难改变了它原有的面貌，却也让它长成了独一无二的树——曾经的伤痛造就了今天独特的它。

萝村人盼望的好日子，大概就是吹来了改革开放的春风，村里的读书人又开始多了起来。1979 年，陈乔柏、陈志、宁诗富三人同年考上大学，随后萝村连年出现大学生，有一年同时考上了 15 人，像结了一串串葡萄。他们如今有的在党政部门做领导，有的成了教育界知名人士，有的成为文化骨干、文艺工作者。

凑近看今天这棵“仙人指路”，但见树皮凹凸不平，仿佛历经沧桑世事的同时也饱含深情，所有的心事都藏在沟壑纵横的树皮里。

萝村人对古树木有着一种别样的情感，以至于保留有多个古荔枝园。萝村的古树众多，而荔枝树又是树中的佼佼者。这里的佼佼者不单是指数量，还有历史，以及故事和传说。

其实在岭南大部分地方，古荔枝树并不罕见，但能以果园来种植荔枝树并保存数量众多、年岁长久至一千几百年的古荔枝树，萝村是独一份。

每年，荔枝成熟季节，鲜红饱满的荔枝挂在树丛处，甚至长在灰黑色的树干上，红与黑两种颜色对比，产生一种神奇的异样的美。这种美透着强烈的反差视觉，也透着一种顽强的生命力。

三棵荔王

下午的阳光从天上倾泻下来的时候，我们正往后山走去。路上会经过那棵拥有 85 年树龄的米仔兰。这是一棵有编号的树，也是有“身份证”的树。广西古树古木信息管理系统的数据显示，目前整个北流市保留下来的古树古木有 940 株，萝村占了 156 株；在萝村保留下来的 156 株古树木中，荔枝树占了 141 株，包括那三棵千年古荔枝树。而这棵米仔兰在拥有千年树龄的荔枝树面前，像是刚出生的婴儿，嫩得很。

村里人说，萝村能保存下这么多珍贵罕见的老荔枝树，海镗叔和他的父亲陈二百功不可没。那时，在古树木被不断砍伐的时候，是陈二百联合族侄陈智能、陈智勇等人将村中大部分古荔枝树尽量买下，并精心护理，后人才有机会目睹这些古树。海镗叔移居香港多年，依然经常回到萝村，积极参与养护古树的活动。

后来，我才得知，还有一棵珍贵的荔枝树，也与陈二百有关。这里的珍贵不是因为树龄，而是品种。这棵荔枝树结的果叫挂绿，这是荔枝品种里面的状元。除了挂绿，萝村现有百年以上的荔枝树品种还有大红袍、黑叶、丁香、糯米糍、蛤蟆荔、金钟荔、水荔、原生山荔，等等。新中国成立以前，陈二百在容县中学教书，到一位民国将军家中做客时发现了挂绿荔枝树，遂请求嫁接一株带回家种植。据海镗叔说，这位将军的挂绿是从广东增城移植回来的，运输这棵荔枝树时，还同时运了一船当地的泥土回来培植新树，是容县最优质的荔枝品种。可惜，种在容县的那棵挂绿后来被砍伐了，仅剩陈二百嫁接回来植于陈柱故居的这株独苗。

2010 年，就是萝村获评为广西首批历史文化名村的那年，这棵很少结果的独苗荔枝树上串串“红灯笼”挂满枝头，好像在向从香港回来的海镗叔报喜，表达它内心的喜悦。令人喜出望外的是，2012 年 12 月，国家住建部、文化部、财政部将萝村列入第一批中国传统村落名录，这年，海镗叔再次看到结满枝头的荔枝，欣慰的心情真是难以言表。

小路袅袅地伸向竹林和荔枝林。抬头望向北面的山峰，是萝村的根脉山岭——一岭。一岭后面紧挨着的是白水岭，白水岭连着后面的大容山。村人里都知道，这些山岭圆润逶迤，像三个弧形，如同三把梳子，而梳子寓意着“顺”的意思。这个地方的人见面会习惯性问一句“近来如何？顺利吗？”分别的时候，也会以“顺利啊！”结束谈话。

这一片苍茫的群山，把萝村世代的子孙看成了自己的孩子，一直护卫着他们“顺顺利利”。

小路原是用斗口河的卵石铺设成的石头路，现在已经被水泥路代替。小路两边长满了野花野草，一大丛单竹在转弯处出现，竹竿像是在比试谁长得高一样，齐刷刷地向上长，可到一定的高度后又不约而同地向下弯曲下来。细长的枯竹叶时不时地散落下来，随风飘落在小路上，显得小路更加清幽。

这条小路什么时候出现的呢？那个小时候叫郁瑞的男孩是不是也经常走这条小路来到荔枝树下呢？

到竹林处，往左转，就到了那三棵虬曲古拙的荔枝树下。

三棵树站的位置很有意思，既留下了各自生长的独立空间，组合起来又像一个拼音字母“C”（恰巧是陈姓的陈字首字母）。我突然心里一动：难道它们知道自己正在庇护旁边的陈姓人家？谁说得清楚呢，也许它们仨什么都知道，也什么都看得见——植物自有它们的智慧，只是我们人类不够了解它们罢了。大自然独立生长的私密空间，充满着神秘。有着几百年历史的萝村，同样神秘。

这三棵荔枝树是同时落户到这里的吗？那会不会是一只贪吃的飞行动物一口气吃了很多荔枝，被鲜嫩甜美的荔枝诱惑得连核带肉都吞了下去，长途跋涉来到白水岭脚下，最后把不能消化的核留在这里了呢？最后，三棵荔枝树就亲如兄弟，相互照顾、鼓励、支持地走了过来。

其实，这三棵树是怎么来到这里生活的并不重要，重要的是，它们照看这片土地已经有一千年的光阴了。

最大的那棵，就是村民——不，现在已经有市内外甚至更远的地方的人称其为荔枝王的树，它的腰围粗壮得要5—6个大人手拉手才可以合抱住。树皮上的纹理不一，形状多变，复杂得像人脑。站在树下的人，即便把头仰酸，也无法看见它们的全貌。千年荔王像这个“C”的顶部，又像这个“C”的纲，纲举目张，和左边以及前方的两棵荔枝树组成了这个陈氏的“陈”拼音首写“C”。

站姿奇崛却镇定如钟的三棵千年荔枝树，像三位智者日夜在谈经论道，时不时睁开眼打量一下萝村，萝村的一举一动逃不过它们的法眼，萝村细微的变化也休想瞒得过它们。随着2014年美国耶鲁大学植物学博士艾伦的到来，它们听到了这样的一段话：这是人类珍贵的财富，是数百年前荔枝品种的纯净基因库，更是一群绿色活化石。它们看见了，2020年萝村成为广西古树古木复壮工作现场会的会场；它们也看见了，2023年6月第二届广西北流萝村古村落千年荔枝文化节活动在这里举办，活动中，其中一棵“荔枝王”古树上的果拍出了68万多的价格……它们还知道了很多我不知道的事情，也洞悉无数的真相。

村民们说，这千年荔枝树就是萝村的镇村之宝。如果每一个村子都有各自的神树的话，荔枝树就是萝村的神树。

这些活了千年的树，伴随着世世代代的萝村人，萝村人早已把它们看成是自己祖先的一部分，对它们有爱、有敬畏。萝村人家每逢求子求孙、出门远行、考试等人生重要的事，都会有人来到神树跟前吐露心声，祈求得到神树的保佑。

萝村人与荔枝树得有多大的缘分才能相伴相依到如今呢？当初那些迁移到萝村的人，像一颗种子那样，背井离乡，定居在萝村后，历经风雨终换来如今的枝繁叶茂。“道生一，一生二，二生三，三生万物”，萝村陈姓人家早已把三棵荔枝神树看成了“三生万物”的衍化——原本九代单传的陈氏，到了萝村落地生根之后，从此生生不息，子孙繁衍。

如今，在萝村的屋前屋后，甚至是庭院里，都遍布荔枝树的身影，可见萝村人对荔枝树的喜欢是从心底里发出的。

在萝村，摘荔枝又叫“执荔枝”。高大的荔枝树，如何摘呢？不是人人都有爬树的本领，更何况是爬一棵神树。摘荔枝得借助一个叫作“捻”的工具。几米甚至几十米长的竹子做成的棍子，一头大，一头小，在大的那头，削成“丫”字形。拿着这把“捻”，看准那条长着果子的枝条，用力往上一顶，枝条就稳稳地卡在“丫”的缝隙里，然后往左或者往右转动。当然，转动的时候是需要手腕的力气的，没有力气，很难让“捻”听从你的话。当听到“啪”

的一声响，意味着枝条被折断了，但能否稳稳地把带着荔枝的枝条带下来，还是需要点技巧的。这个技巧除了多练，别无他法。熟能生巧，这四个字是错不了的。

当年，年过半百的黄宾虹与二十出头的陈柱在南洋公学（今上海交通大学前身）相识，经历迥异的两人因书画的缘故，成为了忘年交。更为难得的是，陈柱父女三人同拜黄宾虹为师，且都学有所成。据载，德高望重的黄宾虹来过萝村两次。巧的是，他两次来萝村，都遇上荔枝成熟的好时节。只不过，第一次，1928 年 8 月，是陈柱陪同；第二次，1935 年 8 月，是冯振和陈一百相陪。不管是谁陪着黄宾虹，树下大师相会的光阴，荔枝树已牢记在心。“日啖荔枝三百颗，不辞长作岭南人”，仅从诗句上看，荔枝的诱惑力就不小，这种诱惑让黄宾虹一而再地千里迢迢来到荔枝树下流连忘返。尝荔枝、乘凉、对饮、谈诗作画，自然是少不了的环节。

在萝村客居的短暂时间里，北流的山山水水让黄宾虹创作的灵感源源不断。这些山山水水激发他创作了《勾漏听泉图》《斗口河》《指月楼》等十多幅画作，也激发他作了题画诗，更为忘年交陈柱创作了一幅画卷《北流萝村陈柱尊山屋图》，以及一副用他最拿手的金文书写的十四字联——“词客人间作游戏，酒星天上有光华”。可见他们之间的友谊是多么的深厚。

众所周知，在我国近现代绘画史上，有“南黄北齐”

之说，“北齐”指的是居住在北京的花鸟画巨匠齐白石，而“南黄”说的就是安徽的山水画大师黄宾虹。黄宾虹两度来北流，既成为他宝贵的艺术经历，也为北流乃至广西文化史留下了不容忽视的一页。在这光辉的一页里，我们看到了文学与艺术的高度切磋，也看到了艺术与友谊的相得益彰。

有着“广西山川写真传神第一人”称号的黄宾虹，在垂暮之年，再次创作了巨幅立轴《勾漏山色》，题款“广西北流勾漏山，传葛仙采药处。宾虹，年九十又一”。此时，他大概是想起北流，想起了那位去世整整十年的忘年交了吧。

荔王顶上的金星

萝村的夜，静谧得让人心安。我们重返千年荔王身边，瞧一瞧神树是否已经安然入梦。

草丛中传来阵阵虫鸣声。一会儿是蛐蛐声占上风，一会儿是纺织娘占上风，正反两方不停地展开“辩论”。偶尔有别的虫鸣响起，估计是观众席响起的讨论声和掌声。

三柱黑魆魆直插朦胧苍穹的身影，就在我们眼前屹立着，像三位巨人，也像三个胸中有无限丘壑的老人。在它们的脚下，风吹植物轻轻摇动，发出细微的沙沙响，好像有年轻的生命在游动。果然，一只野猫悄然现身，在我们的手电筒光下露出两道淡绿的光，又在我们的疑惑中快速地离去。

在手电筒光的照射下，我们看见了神树空中的叶片，背面竟然是白花花的，细看像覆盖了一层霜。最低处的叶子却泛着绿光。琢磨了一会儿，才发现，叶子的正反面在光的照射下呈现出不同的两面。三棵千年荔王和旁边的一片高挑竹林把天空围成不规则的一方天地，也像一个不规格的井口，我沿着这口深不可测的天之井往上看，井里住着一颗颗眨巴着眼睛的星星，其中一颗，亮得耀眼。难道是金星？民国大师陈柱不也是我们心中的一颗闪亮的金星吗？是的，他就是金星。

突然出现一点闪烁着的红光，很快地移动着，我知道，那是飞机飞过。千年荔王身边出现现代飞机，我顿时惊觉时光的飞轮转得真快，一千年弹指即逝。

虫鸣仍在，唧唧复唧唧，那也是千年荔王在一呼一吸。在呼吸间，千年的光阴流转，荔王树冠下的村庄也完成了文明的传承。绿白更替的叶子在承前启后地诉说着萝村的点点滴滴。它们见证了朝代的兴与衰，更见证了几十代萝村人的坚韧不拔。

“十年树木，百年树人”。这些古树仿佛睿智的长者，风过处响起谆谆教诲，雨来时播撒知识润心。萝村栽种的树木郁郁葱葱，高耸入天，养育的子女顶天立地，建功四方。

在夜色中，我们驾车回城。我知道，没有被岁月淹没的千年荔王依然挺立在那块它们热爱着的土地上，依然牵动着像海镗叔那样的萝村人的心。我相信，下次鲜红的荔枝高挂在枝头的时候，我们一定会在千年荔王下品尝到那种古老而又年轻的味道。

三棵千年荔枝王　徐冉／摄

夜半钟声护书魂

▼它见证着萝村这片土地的春生、夏长、秋收、冬藏。

金银藤与观音诞

高天祥云，阳光清亮。一大早，锣鼓声顺着花红叶绿的村路扩散，在萝村的上空回荡。

我沿着长坡组小路去云山寺。途中绕过一片池塘，池塘边熟识的一大丛怒放的指甲花没有让我惊讶，倒是路左侧一栋小楼旁边，那黄白相间长得娇羞妩媚的花丛让我驻足。真是风姿绰约啊！白得清丽，黄得高贵，两两相对，相互含羞，长长的藤蔓上，花儿多得数不过来。蜜蜂比我先发现这里花儿的心事，早早前来倾听。漫天的心事萦绕在绿叶间，让蜜蜂忙得团团转。藤蔓一直攀爬到那些房子的二楼窗户，甚至爬进了房间。

转角处，刚好遇到从楼门走出来的一位老奶奶，满脸喜气。我也受到感染，咧开嘴问："老奶奶，您家旁边种的那些花，叫什么花呀？"老奶奶望着我，脸上的皱纹微微堆起，眼睛眯得更细了："哦，你指的是金银藤吧？"那美得炫目的花，竟然是藤？我满心疑惑。"妹儿，你有所不知，这金银藤不光好看，作用可大了，清热解毒，疏散风

云山寺　刘军／摄

热，我全屋人都可以服用。有了它当茶，我们一家身体可好了，我把它当金当银呢！”说完，老奶奶哈哈大笑起来。

随后，她竟邀请我一起坐下来聊聊。云山寺近在咫尺，那里正鼓响锣鸣，我犹豫着要不要坐下来的时候，她竟自顾自地抛出诱惑我的话题，谈起了与她家一路之隔的云山寺的节日。

从她的口中得知，云山寺的节日除了每年农历二月十九日的观音诞之外，还有另外一个隆重的节日，就是农历十二月初八的如来佛祖诞。节日期间，村民欢天喜地地杀鸡宰鹅，提着用心做出来的糍粑、芥菜包等小吃去祭拜。也有很多远方的善男信女前来焚香膜拜，祈求保佑。白天舞龙舞狮、彩队游行，晚上古戏台上木偶戏、采茶戏、春牛戏等轮番上演，有时也演粤剧或歌舞剧。

“来的不光是我们农民，乡里乡亲，镇干部，还有很多市里的年轻人，对了，还有大学生、新闻记者呢！”

老人的话顿时令我沉思。我想，不管是云山寺的观音诞还是佛祖诞，又或者是古代说的庙会，无一不起着人与自然、人与社会、官方与民间等多重关系的沟通作用。

她问我，你也是来参加云山寺观音诞的吧？这个时候去云山寺上一炷香，是很灵验的。我给了她一个心领神会的笑容，便告辞离去。

祥云上的寺庙

向右拐，缓步行走，进入了一条水泥道。

水泥道左侧是云山寺的高墙，而右侧是植物葳蕤的田地，此刻地里已经种上了花生、玉米等农作物。有几只鸟儿在田地里东张西望，偶尔跳一跳，飞起来，又落下来。那几双又黑又小的眼睛警惕地看着我，证明寺里的锣鼓声并不令它们畏惧。

我认识云山寺已是去年的事了。

这年的五一劳动节，还没到立夏，天气还不是十分的热。

从北京回来的作家林白，萝村的陈乔柏教授和陈小军校长，还有北流籍作家梁晓阳、吉小吉、潘雄杰等人，一起来萝村访古，自然也来到了云山寺。我才知道，林白和乔柏教授早已认识。当年他们都是文学青年，自然是因文学而相识。

云山寺门口的左边墙上，画有萝村的图腾，云山纹，可惜，现在只剩下一点点漫漶的痕迹。据说，这个图腾是

云山纹　刘军／摄

陈汉忠教授发现的，在萝村的大宅里都画着，比如玖人祠、克诚祠、镬耳楼等。以前很少有人注意到，就算发现了，如果没有细看，也不会知道这是一个图腾。我之所以知道，少不了我眼里的“萝村通”——陈乔柏教授的功劳。

那天迟暮时分，乔柏领着林白和我们进寺，一路走一路侃侃而谈。听他说，建寺之始的僧人取“建在祥云上的寺庙”之意，为这座寺庙起名“云山寺”。听到这个名字的来历的时候，我不由得脑补起来：为云山寺取名的那位僧人，在春夏之交，踏进依山而建的云山寺的那一刻，发现此处翠竹修边，云遮雾绕，朵朵祥云跃上青灰色的院墙上。朱红色的飞檐、亭台楼阁，寺内香火袅袅，缭绕不散，如诗似画的风景瞬间让他心情愉悦起来，情不自禁地捋捋胡须，打量着这座寺庙，露出满意的表情，接着仰天长叹："庙虽小，可也是个好庙，就喊作——云山寺吧。"是不是这样呢？反正，这座寺庙得到了这么一个清雅的称号，云山寺。

云山寺的房子为两进三开式，砖木悬山顶结构，内墙绘有人物花卉图，寺内有院子，大雄宝殿门口正前方有一个大戏台。每逢观音诞、佛祖诞，戏台上演绎着众多的人间传奇，戏台下是熙熙攘攘表情各异的善男信女观众。

寺庙里面东侧一堵墙上，竖着七八块字迹已比较模糊的古石碑，其中一块有刻字记载，大意是：云山寺始建于明嘉靖元年（1522 年），初建时规模较小，只有一座三开间低矮庙宇。到清雍正十一年（1733 年）重修，建成二进式。后乾隆庚子年重修，坐南向北，总占地面积 5334 平方米。云山寺自明代建成，已见证了五百多年的历史风雨，至今依然屹立世人面前。

几百年来，寺庙建建拆拆，拆拆建建，但它始终顽强地挺立在天地间。云山寺的兴衰与繁荣，与时代有着密切的联系，与自然演化也有着联系。现在它已然成为了萝村文化的符号。

夜半钟声

此时，我站在寺院的围墙边，静静地看着熙来攘往的男女。今天这个日子的热闹早已名声在外。这一刻，它被热闹包围住，它需要招呼八方来客，需要接待远道而来的香客。我听着喧哗的锣鼓声和偶尔响起的钟声，忽然想起那个“神钟半夜不击自鸣”的传说。

相传清咸丰年间的某一个夏日的晚上，萝村附近的望君山上有一窝贼人准备偷袭远近闻名、民安村强的萝村。很快，萝村就收到了信息。据探子报，贼人号称一百，估计这晚子时过后，就会进攻萝村。

那时，萝村的防御体系完整，共分为三层。外层有山势，中层有连片的池塘与城墙加十二栋炮楼，里层是由十多米厚的城墙围拢起来的村肚。守卫在炮楼里，外面的枪打不上，城头的火枪却能轻易收拾掉贼人的性命。当时村里虽有近千人，可留在村里的多为老人、妇女和小孩。贼人有备而来，武器精良。于是探子连夜出村到附近村里请援兵。

云山寺神钟　刘军／摄

守夜人从炮楼高高的瞭望孔处，通过望远镜看到人影出现在村东头，进入了云山寺。贼人大概打着突击的算盘，将萝村一举拿下，让萝村成为他们的囊中之物。

一更过去了，二更也过去了，三更不远了。

“铛铛铛”一连三下钟声，紧接着又是三下。钟声圆润、浑厚、深沉、悠远，在夜深人静时响起，像一道霹雳，划破萝村的夜空。众贼你看我，我看你，都表示自己没有走漏消息，不知为何村里敲钟警报。那么，到底是谁在这个关键的时刻把钟击响？每个人心底都有这个疑问。“莫非云山寺的神显灵了？”凝固的空气中，此话一出口，贼人面面相觑，心里发毛。一石激起千层浪，众贼心里的退堂鼓都打了起来，贼首恼怒至极，气不打一处来，然而发现村里有人影走动，想必村民已经做好准备，无奈只好大斥一声：撤退！

钟鼓不击自鸣，吓退了贼人，没有让萝村受到半点伤害。这一令人称奇的现象，在第二天早上，带着萝村人的喜悦，翻山越岭地传给了外人。自那时起，云山寺就拥有了越来越多的善男信女，而云山寺的钟不击自鸣的传说，也一代代地流传至今。

后来，我在清光绪版《北流县志》里面也看到了关于这个传说的记载："云山寺明崇祯十五年置钟一口，其钟声甚清越，响及三四里远。咸丰庚申年七月二十八日，容匪将至萝村，此钟不击自鸣，吓退匪盗。"

云山寺不仅有神钟的传说，有充满文化气息的历史，也见证着萝村现代教育事业的发展。云山寺在 1925 年就成为了教学点。1945 年，本村文化先驱陈干丞、陈迥异等人将庙堂扩建为三间教室，成立高等小学，请师授徒，培养本村子弟。直到 1995 年，学校搬迁良田西侧新建教学楼后，云山寺才结束了作为教学点的生涯。

今天的云山寺，依然吸引着慕名而来的人们。

此时，云山寺门口，早已被围得水泄不通。于是，我再也按捺不住，抬头挺胸走进云山寺。

云山寺大门是古老对称式三开间二房。大门口比平常多了一张红毯，寓意是过天桥。两位妇女坐在门边，每走进一位客人，便递给客人一条 10 厘米长的红绳子（打毛衣的红毛线），柏枝叶和桂枝叶各一片，嘴里娴熟地对着每一位客人说着：保佑您身体健康。而来者根据心意，一角、五角、一元不论，将之放进一个装有米的红色的脸盆里。

走过几级台阶，左右各有一棵荔枝树。牌子上标着树龄：600 年。我站在树下，看着那些舞龙舞狮的人群，只觉得喧闹得让人忍不住开心。一阵风过来，一些米黄色的荔枝花便迫不及待地跑下来，然后毫不客气地泊在树下看热闹的人的头上、肩膀上。铜钟就悬挂在其中一棵荔枝树上，树上还有一个树洞，树洞可以容一个小孩子钻进去。铜钟上锻刻有“云山寺”三个大字。铜钟口径长约五十厘米，高六十厘米，撞钟木悬吊在钟旁。木头光滑，看来这些年钟声一直没有停歇。这是不是传说中吓退盗匪的神钟呢？我想找个人问问，可是大家都在忙碌着。我只好暂时放弃这个念头。

不过，我很想亲耳听一下钟的声音。我在荔枝果子长成像铅笔头那样大的时候到过这里。那时地上掉了一些还没坐稳当就被夜里的一场雨打落下来的果子。那一次，我没有如愿听到钟声响起。这次，我决定用弯曲的四个手指关节去敲击那口钟。当指关节和厚沉的钟壁一相逢，声音迫不及待地传了出来。以手敲出的声很小，但一点也不影响它的清脆和悠扬。

在钟的旁边，人们还在热闹地忙碌。风吹起，继续有荔枝花落下。

巨赞法师

“入屋问人，入庙拜神。”来到了云山寺，我自然要上一炷香。云山寺供世人拜，是拜众神，也是拜天地。

我准备转身进寺内宝殿大门的时候，忽然感受到人群中有两束陌生的目光在我身上打转。站在云山寺内，底气十足的我便大方地迎了上去。那是一个大学生模样的女孩，两束目光带着羞涩也带着青春的气息。

“请问姐姐是当地的记者吗？”

我看起来像记者？可她这样的问话让我想起我刚走到云山寺路口时，和一个七十多岁的老人家的有趣交谈。

“老人家您好！请问，一会儿云山寺有什么活动呢？”走近路边一栋楼的门口，那里坐着一位老大爷，我蹲下来问。

“你是从哪里过来的？”他不答反问，可手里却忙着扎铁线，他在帮一户人家起门楼。“我来这里游玩的。”我不好意思说自己是专门来了解和体验云山寺的节日氛围。

“你可不像游玩的，装束就不像了。”他脸上带着了然于心的神色，接着介绍，“这个观音诞可热闹啰，前几天就开始做准备工作了，像办喜酒那样。请本地的道教喃摩师来唱。白天舞龙舞狮，附近各个庙前来祝贺，有张飞庙、玉皇大帝庙、北帝庙……中午还有午饭招待，你可以在庙里吃午饭。吃了午饭，下午继续看。晚上啊，更加热闹……”

说起这个节日，他烂熟于心。我担心自己记不住，便掏出笔记本和笔，“哗啦啦”地记下来。

“你看，我就说你不是来游玩的，我没说错吧。”他得意地说道。

“您怎么懂得那么多呀？”我笑着岔开话题。

“我也需要找饭吃呀，找饭吃的人见得多看得多，多少都懂一点的。”他说完，露出了一口好牙。

“——是吗？你是记者吗？”清脆的声音把我的思绪拉回当下。是那个女孩在问。

“抱歉，我不是呢。”我笑着答她。

“那您一定是老师吧？”她接着又问。

“有时是吧。”我不忍拂她意，便这样模棱两可地答她。

“我准备上香，你要一起吗？”我不打算探究她主动搭话的目的，干脆地向她发出了邀请。

“好呀好呀！”那张青春的脸洋溢着笑。

我们在上香时交流。原来，她是一名学广播电视专业的大四学生，久闻云山寺的大名，对云山寺今天这个特别的日子十分感兴趣，所以特意赶来录几段视频，供毕业面试的时候用。

当我站在寺内第二道大门右侧古碑刻前时，墙上贴着的多块清代碑刻在我眼中变得意义丰富起来。上面记录着云山寺于清康熙年间重建时，踊跃捐献的萝村乡贤名单，其中第十五世祖陈应元、陈应魁兄弟是云山寺重建的总录（修缮主事）。至雍正十一年又重修，有捐款名单及十八世陈鐄（字辅邦）撰写的序言。一笔一划的背后，是乡民的热心投入与虔诚期待。

我不由想起了当天早上海镗叔发给我的微信：云山寺有几块上至五百年的古碑刻，上面刻着“萝村陈开宗始祖陈继宗公明朝中期捐钱修云山寺。后来，开枝散叶发下现在龙门萝村陈氏一族后人。十五世祖陈应元、陈应魁两兄弟清朝康熙年（约350年前）发起重建云山寺”。

古碑刻的历史久远，上面有些字迹模糊，已经辨认不出。萝村的后人对其清洗和拓印过。其中有一块上面写着“乾隆庚子重修云山寺本村碑”字样，这几个字倒是清晰可见。

海镗叔提起古碑刻，自然也提起了巨赞法师来过萝村的事。

来过萝村的具有传奇性的人物不少，可被老百姓亲切地称为爱护百姓的白衣和尚的，只有一位，那就是巨赞法师。

巨赞法师（1908—1984），江苏江阴县要塞镇贯庄村人，俗名潘楚桐。1931 年，潘楚桐带头组织了江苏江阴地区中小学教师罢课游行，遭到当局通缉，于是逃往杭州。后来，在灵隐寺出家为僧，取了法名，从此世上便有了“巨赞法师”。

抗战全面爆发后，巨赞法师积极主张抗日。在湖南衡阳，在中国共产党支持下，他组织了“佛教抗战协会”等抗日团体。这一爱国举动，让得知此事的周恩来为其题写了“上马杀贼，下马学佛”8 个大字。1940 年，巨赞法师在桂林创办了佛教抗战刊物《狮子吼》月刊，在刊物上他写道:“时代不允许我们再做桃源之民，祖国在腥风血雨里，不要给人做酒余茶后的呻吟材料，说是千年醉狮呼不起。”

1944 年，在广西受到日军进犯最危急的时候，巨赞法师做了一个出乎众人意料的举措：他联络当地瑶族头领布置一队抗日武装主动伏击日军，歼敌百余人。他为此遭受日军追捕。

后人从巨赞法师写的《我的回忆》中得知，1944 年无锡国专桂校从桂林重返北流山围办学，巨赞法师开始与国专有了交集。当时冯振打听到他在桂平西山龙华寺任住持，一面弘传佛教，一面仍从事抗日活动，遂聘请他到国专教书，一直到日本投降。国专桂校在 1945 年 7 月续聘巨赞法师为专任副教授，每周授课 12 小时。

2004 年，88 岁的饶宗颐在他的回忆里经常提起的人就是巨赞法师。1944 年，国专桂校再次重返山围，当时只有 28 岁的饶宗颐也来到了山围任教。从桂林到北流这个时段，是饶宗颐人生中物质条件最为艰难的时期，却也是他与好友巨赞法师谈诗论道的难忘时光。饶宗颐的回忆让世人对巨赞法师有了更多更深的了解。

云山寺是万神殿，是一个集佛家、道家、儒家等于一体的寺院。巨赞法师自是不会错过与这样的一个寺庙相约的。于是，这位得道高僧从隔壁的山围向云山寺走来了。在云山寺，如果时间允许，他会做自己想做的事，比如，和当地同样忧国忧民的文人讨论家国大事，对学生进行讲学，又或者是开坛讲经，等等。授课之余从事著述，《新佛教概论》一书，即撰著于此时期。

1949 年，登上天安门城楼跟国家领导人一起参加开国大典唯一的宗教界人士就是巨赞法师。

巨赞法师曾任中国佛教协会副会长、中国佛学院副院长等职。1984 年圆寂于北京，世寿七十有七。

2010 年，电视纪录片《巨赞法师》摄制组一行 6 人来到萝村，对巨赞法师曾经讲学的无锡国专旧址、陈柱故居以及云山寺等多处历史文化古迹进行了拍摄。这是对这位爱国佛教领袖以及他为中国文化事业的发展所作出的不凡贡献的追念。

古戏台与桂花树

我虔诚地上完香，便走出高大的宝殿门。从门口看过去，对着的是一个古老的戏台。据说，戏台始建于明朝，之后多次重修。这里的老一辈人说，戏台的顶墙部分，木雕梁架，透雕神龛刻有“同治丁卯年（1867）重修”字样。

古戏台面积约 80 平方米，由黄泥、石灰沙筑成墙和门楼，对称式二进五开间两厢房，青砖、灰瓦，上有飞檐翘角，下有红木大梁承担。戏台左右两个角边共有四根柱子，高有六七米。戏台长十二米，宽十二米，高近十米，分前台和后台。前台为表演区，为立柱架空方式建筑；后台为更衣化妆室，为上口敞开下封闭式建筑。戏台左右各一个半圆拱门，拱门门头分别有个扇形图案，图案里面配有诗文。仔细看，上面书写着唐朝诗圣杜甫的诗《赠花卿》：

锦城丝管日纷纷，半入江风半入云。
此曲只应天上有，人间能得几回闻。

古戏台　刘军／摄

神仙、先人、后人在神秘的云山寺这个戏台上，三者交汇。悠扬美妙的乐曲传达出一种妙不可言的乐趣和精神，在戏台上空飘散。

像这样配诗的戏台是比较少见的。戏台有左右二门，分别是出将和入相。这虽然是戏台的“标配”，但在这山村之中的戏台有如此规范的设置，可见萝村人是见过世面的，对生活是有要求的。

长方形的戏台，大人双手撑住戏台边缘，用力一跃，就可以跳上戏台。当然，上台演出的演员不会选择这样的方式上戏台，而是从左面的台阶，在器乐声中踩着节奏入着戏地走上去。此刻，戏台上还没有拉开真正的序幕，白天的演出也刚刚预热，要想欣赏晚上的节目，更是早得很呢。

阳光正温和地洒在戏台下，也洒在正在戏台下忙碌的妇女们的笑靥上。她们身上穿着统一的上衣，一件红色的短袖，衣服的背面印着洁白的五个字“萝村云山寺”，像五朵洁白祥云排列在一起。

据说，戏台是由萝村妇女捐款建成的。戏台未有之前，妇女们在云山寺旁边的沙塘垌插秧，插秧时背对云山寺，田里的妇女总会有点不适，要么头疼要么仿佛被什么力量推倒在田里。一问先生，说是寺门正对水田，人背对寺门干活，乃大大的不敬，解决办法就是在寺门对面建一个戏台。于是全村妇女商量，建一个别具一格的戏台，与高大的宝殿门面对面。妇女们说一不二，于是出钱的出钱，出力的出力，搬砖拌浆，又担又扛，把戏台筑起来了。神奇的是，戏台建好后，头晕和被推倒的现象就再也没有出现过。

这个故事从建戏台那一代就流传到现在，已经传了多少代，也只有萝村人心里清楚了。目前，这个戏台已经成为了古戏台，是北流乃至玉林保存最完好、历史最悠久的戏台。妇女们也许没想到，古戏台自建好的那天起，就悄然发挥了对地方文化的传播作用，也见证了萝村一路走来的文化之路。

戏台上的演员换了一茬又一茬，曲目换了一批又一批，台下的听众走了一代又来一代，可寺院中的古桂花树对戏台始终不离不弃。无数个白天和黑夜，年年岁岁不曾更改。古桂花树怕是对戏也是爱在骨子里，不然怎会白天黑夜一场都没落下呢？萝村人说，古桂花树是云山寺的镇寺之宝。数百年前建寺时，桂花树就已经存在。甚至有村民说，树比寺老，怕是有将近千年的岁数了吧？

其实，乔柏教授在微信里早已告诉我：祖上有记录，老桂花树在300年前因被雷劈一分为二，上个世纪五六十年代又被雷火烧，中部已经枯萎，仅靠两块树皮存活。眼看枝枯叶落，奄奄一息，树命不保，有人提议砍了挖了重新再栽。可村民又怎忍心把一棵爱听戏的桂树拔掉呢？谁也没想到，在某一个春天，古桂花树用吐露出的新芽告诉云山寺，它活过来了。后来，树干中间已经空了的桂花树，花了好多年的时间，长着长着就像两棵树缠绵在一起了。

大概是为了庆祝自己合二为一，每年金秋十月，老桂树都开出米白色和金黄色的花瓣，让香气跑遍寺院的边边角角——我这样遐想着的时候，老桂树正在认真等着戏台上的演出呢。

戏台上不但演绎过旋律优美的萝村人自己的戏曲，也演绎过地道的粤剧名曲和激荡人心的抗日剧目。在抗日战争期间，广州市名戏班陈皮鸭到萝村进行了长达两个多月的戏曲表演。那个时候，国专师生频频上演抗日剧目，在萝村产生重大影响。戏台上也少不了那些年市文工团的文艺下乡、电影下乡放映的旧时光。如今，古戏台上白天有舞龙、舞狮，晚上有木偶戏、采茶戏、春牛戏、粤剧、现代舞剧……这些都是后人对古戏台文化的延续方式。

此时，手机界面又跳出一行字：今天到云山寺的人是有心之人，云山寺神灵会保佑你事事顺。海镗叔再次发来信息，提醒我今天是个不一样的日子。

寺内清晰可见的壁画、古诗词、完好的石尊、精美的浮雕、古碑刻等，都亲眼看到了对云山寺慕名而来的络绎不绝的香客。尤其是那棵老桂树，更是目睹了云山寺从明清建筑，到成为北流市文物保护单位的艰辛历程。

云山寺从明朝一路走过来经历的风风雨雨，桂花树一次都没缺席。

益兴堂里「起奇才」

▼「根之茂者其实遂，膏之沃者其光晔。」益兴堂是巷子里众多堂的一个堂，一个家庭如此，整个萝村可见一斑。

南北巷

一个细雨飘飘的春日，我走在弯弯曲曲的巷子里，走在那些有着高台门阶，气势宏大的府邸里。我撑的自然不是油纸伞，而是一把遮阳伞，享受着因终日上班而难寻的一份寂静。置身在大片的古建筑群里，时光缓慢得好像按了暂停键。文嘉堂、嘉积堂、序伦堂，从名字就可以嗅出百年的气息。回眸的瞬间，恍如跌进了遥远的回忆当中，让你不知今夕是何年。

萝村一共有 278 条古巷，总长度几近 5 千米。古巷有的狭长，有的短小，有的又弯又小，有的笔直……名字更是五花八门，大巷、南北巷、南门巷、曲尺巷、厅底巷、水井巷……巷巷有名字，一条都不落下。

它们散布在萝村各家各户之间。大多笔直窄小，宽的有两米，长二三十米，窄的有半米，长十来米。大多为泥地土路，也有青砖石板，底下有下水道，收集汇聚的雨水、污水，排到村外的池塘或水沟，促成生态环流。

它们的存在，为萝村增添了一抹古味，为萝村成为广西首批历史文化名村助了强劲的一臂之力。它们见证了萝村人一路走来的风雨历程，也成为了萝村人往昔生活的一个缩影，记忆深处的一种符号。

萝村人对古建筑的保护意识是自觉的，他们深知，老宅不倒，500 多年的古村才得以长存，也正因为古村古宅的保存，萝村才会顺利入选“中国传统村落”名录。更让人欣喜的是，近年来政府投入资金，一直在修旧护旧，使古巷古宅更加牢固耐看，熠熠生辉。

278 条巷子，像一条条灰色的带子缠绕着萝村，也把萝村的益兴堂、玉山炮楼、镬耳楼、乔林堂、胪云堂、陈锡门祠、克诚祠、陈鄉林祠……紧紧地绕在一起，团结在一起。巷子纵横交错，总有出路，走到巷子的尽头，以为无路可走了，却是柳暗花明又一巷。

古巷里的每一座新屋子与古建筑都装着数不清的故事，既有历史的辉煌，也有现实的落寞。不是亲眼所见或者是亲历者，定不能讲清其中的深深浅浅。可巷子有幸全程参与其中，它比现在的人更清楚那些无法复活的情节。

面前这条巷叫南北巷。南北巷陪伴着的老房子原是一栋五层楼的炮楼，叫玉山屋炮楼，屋主原是财主陈畏天，后来炮楼分给了陈树仁师长家。可惜的是，后来不知何故被拆成三层，现在则是荒废着。

玉山屋炮楼南面那堵墙，有些地方的灰沙经受不住长年累月的风雨侵蚀，开始脱落，露出的石头仍不忘自己的职责，像一位倔强的坚守者，继续牢牢地守着巷子。东面的墙斑驳且暗黄，墙身被一层植物覆盖，墙脚处湿漉漉的，一些蕨类借着这些水分倔强地冒出了头。后来，我才知道

南北巷　刘军／摄

玉山屋炮楼 刘军／摄

这种植物有着霸气的名字，叫爬墙虎。青绿色的爬墙虎紧紧地攀住黄褐色的墙身，半点也不放松，确是个爬墙好手。在霏霏细雨润色下，这墙面如同一幅色彩明亮的油画。

我细细地端详着这些攀爬在墙上的植物时，墙也在默默注视着我们。在这种注视下，我得知了陈树仁师长的故事。

陈树仁曾是中国人民解放军一六四一师副师长，玉林地区土地局局长，玉林地区行署秘书长、专员助理。在部队任职期间，他先后立二等功 1 次、三等功 2 次。最近他回过一次萝村，回到这个生他养他的地方。

那天，屋后的黄皮树上几只蜻蜓在高兴地交头接耳。一位精神矍铄八十多岁的老人走在长了青苔的南北巷，踏着脚下的石板路，仿佛走进那逝去的岁月。那紧闭的一扇扇门后，藏着一个个家族的故事，古老的墙刻着时光的印记，也藏着他儿时的记忆，走过的巷子，留下他一路的心事。这里曾见证过多少回忆呢？上演过多少的欢声笑语和悲欢离合？如今是无法一一计算了。今天，他终于又被萝村召回了，他起伏的心情，像一面被不停地敲击的大鼓。咚！咚！咚！一只路过的猫儿对着他，在阳光里伸了一个长长的懒腰，而他仿佛听到它低语：树仁，你终于又回来了。在那个长长的懒腰里，他好像还看到了那个当年在巷子里穿行上学、淘气嬉戏的自己。他不由得停下脚步，轻抚那离开多年的墙壁，久久地凝视。

树仁伯伯好。处在变声期的孩子纷纷向他打招呼，喊得他热血沸腾。这是村里年轻一代的召唤，更是心灵的召唤，又岂能不让他心情激动呢？和村里的孩子坐在一起，那一张张朝气蓬勃的脸孔，定是唤醒了他内心沉睡的记忆。

这是一位上过两次战场的老人。一次是抗美援越，另一次是对越自卫还击作战。虽然他现在已经80多岁，可依然中气十足，声音浑厚又爽朗。从小就拥有“天光胆”（大胆的意思）的他，在年轻一代面前谆谆教导：“你们将来不管是学文还是习武，都要走出去历练，见世面才有出息，尽职尽责完成自己的责任和使命……”一代人有一代人的使命，如今他完成了自己的使命，想到这里，他心里非常安乐，脸上的笑容不舍离去。

而一旁的陈乔柏教授，则是“一座桥”，一座让村里年老的英雄人物和年轻的学子相聚在一起的桥。这是一件多了不起的事啊！而陈教授不厌其烦地出钱又出力，马不停蹄地奔跑在这些“了不起”的事中，一件接着一件默默地去做，去成全。

做事是需要时间的，而一个人的时间和精力又是有限的。乔柏教授却说，他仅用一小部分的时间、精力及费用，为村里做一点点事，相比他的阿公和“老厨爸”来说，是远远不够的。

益兴堂里

那个晴好的傍晚，我们循着那条叫大巷的笔直巷子一直往东走，右转进入幽深弯曲的屋背巷，十几步就到了陈乔柏教授的家，他正好在家候着。那个晚上，我们在热情好客的乔柏教授坚持下，坐在他家书香环绕的厅堂，喂饱了肚子的馋虫，又聊起了关于萝村的历史，自然也聊起了他的益兴堂。

“益兴堂源自萝村陈氏第三房济川祠拔字辈排位，为名门望族中的书香人家。曾祖汝楫，字超士，号济川，钦赐正八品授修职郎；家祖祥麟，号拔庭，例授登仕郎授官；祖公绳康，号兴周，为九品职郎。益兴堂从陈楠公 21 世汝字辈起，迭代努力，孝悌力田，为萝村陈氏彰扬祖先功业道德添砖加瓦……”提起益兴堂，乔柏教授想说的话很多。对益兴堂的点点滴滴，他了然于胸。

“益兴堂秉承祖上遗训，恪守修身齐家，忧乐天下，爱国爱乡情操，牢记无论贫富贵贱都不要忘记做人本色，坚持为人为事，慎终追远，与同族兄弟姐妹一起共同努力，勤奋不拙，建功立业振兴家声。特别在 1979 年以来，在拔字辈陈拔誉引领下，益兴堂里‘起奇才’，三代正规本科学历的就有 10 人：起字辈 2 人，奇字辈 4 人，起字关联的 4 人；其中留学 2 人，博士 1 人，在读硕士 1 人……”乔柏教授依然侃侃而谈，眼镜后面那双眼睛，闪亮闪亮的，像夜空中的星星。

他的父亲陈拔誉，这位被自己的孩子称为“老厨爸”的父亲，初中毕业后到北流中学，师从意大利神父阿尔弗

益兴堂航拍　刘军 / 摄

雷德学习全英文兽医及西医四年。后来，我曾见过陈老先生的兽医生证书，证书的封面完整，只是泛黄，看得出来是收藏已久的物件。封面上用老体字写着“北流縣政府獸醫生陳拔譽”。这本证书是不是教授的一个记忆按钮呢？看到这个证书，关于逝去的父亲的记忆是不是就会自动启动？

我问教授，为何将父亲喊为“老厨爸”，他说是用切音喊出来的。他的生活中用了很多切音。他喊母亲，自然也因父亲的影响而喊了“老厨妈”。这位“老厨妈”生于藤县官宦门庭、名门望族潘氏之家。她从小接受良好的教育，14 岁女扮男装跟随她父亲到南洋、香港、澳门等地外出旅游，小小年纪就见多识广，帮家里协管收租买卖等事务更是得心应手。无疑，这是一个有知识、有爱、仁慈的家庭。

提及父亲老厨爸曾在无锡国专就读这事，乔柏教授的头稍稍偏了一下，陷入回忆。陈拔誉起先任南宁《民国日报》记者，接着考入广东国民大学读书，毕业后任南宁《民国日报》编辑室主任、资料室主任，《新闻晚报》总编辑，发表了不少文章。在无锡国专搬萝村后，他毫不犹豫地报读，三年后毕业。后来，便顺理成章进了教育系统，成为了一名高级教师，曾在多家学校任教。其间，编著有《英语同义词字典》等书。他懂兽医、中医、西医，英文、拉丁文、法文、日文，对地理、历史、文学、英文、药物、微生物、动物、植物等学科也颇有研究，被村里人称为“周

益兴堂门口　刘军／摄

身刀”，意即样样精通，可谓全才。

益兴堂，我来过很多次。每一次来都听到不一样的东西。1927 年的益兴堂有一个果园、一个粉店、一个杂货店。1931 年，这里又多了一家由六个堂组建的有六辆汽车的北流首家汽车运输公司。那时，益兴堂门口有棵夜来香疯狂地生长，长成海碗口那么粗。一旁的葵扇树也不甘示弱，也拼命地长，一点也不输给夜来香。两棵树长成了好伙伴，朝夕相处。小时候住在玉山炮楼的陈树仁师长，喜欢在这棵开着醉人的花的夜来香树下玩耍，喜欢顺着比他大腿还粗壮的树藤爬上又爬下。

“俗话说，家有一老，如有一宝，不仅指老人，也指老房子。所以，我将老房子打理好，让这些祖辈传下来的老房子，也成为我们的宝……”乔柏教授像是喃喃自语，又像是在告诉我。

我当然没能目睹他描述的那个益兴堂，我目睹的是眼前中西合璧的益兴堂。进门左边保留着原来的古朴的建筑风格，右边是新起的小洋楼。左边的老房子现在成为了益兴堂家庭历史文化博览馆，在这个家庭博览馆里可以让后人追忆先祖，清晰地了解自己的家族和优良的传统家风。我想，退休的他频频走在组织传统家风学子座谈会的路上，就能最大限度地走近记忆中的“益兴堂精神”了吧。

“根之茂者其实遂，膏之沃者其光晔。”益兴堂是巷子里众多堂的一个堂，一个家庭如此，整个萝村可见一斑。

读书教授

那天，防城港的十余位作家朋友来萝村采风，乔柏教授打来电话把我们也叫来了。我们到时，也是一名作家的乔柏正在盛邀大家住到他家别院。就这样，防城港和玉林两地作家交流座谈会就顺理成章地在他家召开了。我就这样一头撞进了他的家——益兴堂。

益兴堂在一条巷子的尽头，一个很别致的小院。用陈教授自己的话说，左边瓦房属于中式，右边洋楼属于西式，中西合璧，两者兼顾。院子的中间是个天井，天井里植物众多，乖巧的蝴蝶兰、明艳的菊花、风度翩翩的竹子，等等，都在尽情地舒展着。我猜，它们见的世面一定比我多，因为这个院子常常宾客云集。后来，我才知道陈教授曾在北京读研究生、在美国留学，先后从事过公安外事、外轮翻译、海关管理、高校教育等多种工作，目前致力于研究中国三农及文化保护。他虽然退休了，可长期外出开会参观，也常住防城港，一年下来，在家的日子加起来不够一个月。

他很有精神，来回地走动，眉梢上扬，偶尔还和众人开句玩笑：“你们看我回家有多受欢迎！”说完自己先呵呵地笑起来，没有一点架子。

因为客人远道而来，需要早作休息，我们饭后稍谈一会儿便要告辞。“我们做个约定吧，你们再来我益兴堂，提前告知，我必定回来奉陪！”乔柏在送我们出门时朗声说道。

这次见面，尽管我知道乔柏教授一肚子的村史文化知识，从他那里必定能获得一面可以看到村庄更多样态的镜子。但终归是没能和他说上太多，就匆匆地离开了。

我以为和他第二次见面不知猴年马月，可人与人的缘分就是奇妙，两个月后我们又见面了，还是在萝村，还是在益兴堂，我们是约定而来。这一次，陈教授带着他对萝村的记忆，笑容可掬地向我们走来。

五十多年前，一个大约七岁的少年常常待在书屋里。书屋里，他能看懂的除了父亲为他讲解过的那几本书，其他的就一律看不懂了。可他就是愿意待在书屋里，闻书的味道。对，就是书的味道，这书的味道能让他心花怒放。

正在劈柴的大姐多次催他去煮饭，他都无动于衷。大姐一声声地喊，喊得书里的字都晃动了，喊得他不得不跑出来气冲冲地说：我要多看书，我长大后是要当作家的！大姐听了，先是一愣，然后咯咯咯地笑，笑得一旁的老母鸡都不好意思地走开了，大姐才说，你做梦吧，赶紧去干活。

他像受到了天大的侮辱和委屈似的，控制不住的泪水从眼窝里争先恐后地流到腮边。他顾不上擦，哭着去找父亲，问父亲，我长大后要当作家，大姐说我做梦，你说我是不是做梦？

父亲看着满脸泪水的儿子说，你陈柱公写了好多书，其中有一本就是《待焚书稿》，你既然想当作家，就要向陈柱公学习。

懵懂的少年，尽管没有完全理解父亲的话，可他还是深深地把《待焚书稿》这个书名记住了。同时记住的，自然还有陈柱的名字。

此时的少年，不知道自己长大后不但实现了作家梦，还和陈柱一样选择了出国留学，成为村里后辈的榜样。

这个少年就是陈乔柏。那个陈柱公是他的叔公，他爷爷一辈的人。

乔柏教授和我聊他的童年。我好像看见了那个在那棵黄皮树下仰头看蓝天的有志的小小少年。

他家后园曾有一棵 200 多年树龄、伴随过几代人的黄皮树。可惜的是，在过去的年代，黄皮树被不知道什么人以什么原因砍掉了。树去影在，黄皮树已长久地生长在他的心里，如同已经离他而去的双亲。

如今的陈教授已不仅仅是作家，他俨然成为了萝村文化里面的一个符号。在他那个“崇简斋”的书房里，我看到了众多的藏书，还有他出版的《古村的回望》《古村的守望》《古村的渴望》《古村的希望》等多本著作，内容多与

樟山园青松书院遗址　刘军 / 摄

他在萝村的童年有关，或者是对萝村的历史文化传承和发展以及保护的反思。

他说，小时候，荔枝园的荔枝一颗足足有一两重。鲜红的荔枝，以丰腴的体态示人，曾惹得他和小伙伴们整天心神不宁。前些年，他对村里树龄超过百年的古树，逐一进行编号、挂牌、登记、拍照、归类、入档，然后写成万字论文：《如何保护农耕文化忠实的历史使者——对传统古村落萝村的古树群保护探讨》。他最后把论点形成报告寄到广西林业厅（今广西林业局）古树保护委员会。几年后，古树保护现场会议顺利在萝村召开，而且连续开了三年，还得到中央电视总台报道。他边说边发出爽朗的笑声，甚至引来了路边的狗，它边叫边走过来，看到是陈教授，又淡定地走开了。

萝村历代出现过的书院有青松书院、梅花书室、松间书院、书房园、云山寺（也作授徒用）等，藏书楼有陈千钧的二凡楼、国专旧址藏书楼、陈柱十万卷藏书楼等。可现状是，萝村的几个古书院，除了樟山园青松书院轮廓还在，其余所有的书院，只能找到大概遗址。陈柱十万卷藏书楼和国专旧址藏书楼还在，二凡楼也还在，只是被拆了一层。这几栋藏书楼现在几乎都没有藏书了。说这话的时候，陈教授带着无限的惋惜和忧伤。

后来的一天，我们在樟山园和一位同样带着惋惜和忧伤的老先生相遇。他叫赖鸿才，村里人都喊他赖师。他曾在广州军区边防部队当过兵，会修电动机等许多机械。

赖师告诉我们，目前他的三个孩子都已经外出工作了，孙子也去读书了。孙子很爱读书，拿到的奖状用箩筐装都装不完。他们之前住在樟山园，樟山园里有青松书院。孩子学习好，兴许就是沾了青松书院的福气吧。他笑哈哈地说。

樟山园原是嘉积堂的一个别墅，曾是萝村最漂亮的别墅，新中国成立后分给赖师家。青松书院门口曾经挂着很大很长的牌匾，上面刻着“青松书院”四个大字。可惜，前年遇上台风，楼塌了半边，把屋里的家具也压住了。说到这里，他摊开两手，眼中满是遗憾。

现在樟山园归生产队了，樟山园剩下的旧房子的轮廓还若隐若现。

一个村落，竟然出现了五大书院，难怪文脉流淌。后来，我从陈树仁师长口中知道，他念萝村小学前就进入到村里开办的一个名叫“启资学社”的私塾接受启蒙教育。这个私塾的名字，意在开启孩子的天资、资质。学社里有两个班，共有差不多 30 个孩子。当时村里不止一个私塾。

这让我想起了唐宋以来那些曾经出现在北流的书院。宋朝创办有勾漏书院，明朝建有那留书院、养正书院，清朝建有天一书院、起潜书院、经古书院、扶阳书院、六里书院、陆阳书院、铜阳书院。还有社学、义学，北流的社学、义学始于明代而止于清代，县内前后共办有社学、义学共 6 所。私人开办的蒙馆、私塾、经馆更是遍及各地，培养了大批文化艺术人才。

乔柏教授有一个书房，叫“崇简斋”。

这个书房的名字，原称“中间屋”。可一间书房叫这个名字总觉得欠缺寓意。于是，乔柏教授手一挥，嘴巴一撇，将其改为“崇简斋”：“崇的本义是山大而高，引申出崇敬、崇拜的意思；简与书韵相投，古书多为简，现有简学成显学，《诗·小雅·出车》有‘岂不怀归，畏此简书’。崇简与中间，白话音似，意为中庸，中者日常之正道，庸者天下之定理，有气势有乾坤，用萝村话来说就是——冇得顶……”我细细地聆听，才能把他的话全盘接收过来。

崇简斋的藏书过万册。我曾站在书架前端详，发现书涉及的范围甚广，有外国文学、教育学、社会学、经济学等，以及各种工具书，还有一些是英文原版本。其中，字典词典就有120多部，有的词典甚厚，估计有30厘米厚。最主要的是，这个书房秉承萝村书房一向的习惯，不拒绝任何一位爱看书的人，时刻以欢迎的姿态等待着每一位有缘人，不管主人在不在此。

之前我们谈起，萝村原有具备历史气息和名气的五大书院和书楼，现今所剩无几，乔柏教授神情沮丧。在这之前，他曾带我去看过青松书院那几间破败倒塌的老房子，我看到那景象，不好受的滋味也会涌上心头，可我依旧不能感同身受地理解他对萝村书院的那种情感。现在，有了崇简斋书房，他也算是略有安慰了吧。

天渐渐地黑了，可还是没能打断我们和陈教授的谈话。而后，陈教授带着我们，更是带着他珍贵的记忆，在房子的周边走了个来回。路过一座古桥，他用手电筒的光指给我们看，说古桥的两条石墩还是原来的。这里的每一处边边角角，每一条小河小渠，都留下他难以磨灭的回忆，这些回忆让他魂牵梦绕，让一次次远离故乡的他一次次地折返。如同一只高飞的风筝，童年的记忆便是那根线，而线被故乡这只大手紧紧地拽在手里。

夜色越来越浓，乔柏教授坚持送我们上车离开。他一直送我们走到大地坪前，还体贴地帮我们拉开车门，不停地叮咛说晚上开车一定要开慢些。车载着对萝村的记忆归去，村庄的影子越来越模糊，我却在那条保护和延续萝村历史文化的路上，看到了更多像乔柏教授一样的萝村人相约在一起。

古巷夕光

老村在，古宅老巷就在，如果说整个老村是个躯体，老房子是皮肤肌肉，那么弯曲的村道就是血脉，而窄窄的巷子就是筋脉。

在一个有夕光的傍晚，我出现在南门巷里。夕阳抚摸着巷子，也抚摸着我。

一个孩子从巷子一旁的老房子缓缓地走出来，然后开始蹦蹦跳跳。逆光中，光晕打在她身上，像上了一层釉色，这是一幅油画，一幅不可多得的油画，我不禁看呆了。原来巷子的美是多样的。

我不敢靠近她，也不敢出声，怕自己惊动了这幅画。在这夕光中，镀上金色的巷子，是多么的动人。

巷子自己也看到了，当然它看到的远不止这些。赶考的书生，被嘉奖的官员，对谈的国专师生，哭嫁的女儿……巷子都一一尽收眼底。在悠长的岁月里，它更是看着一代代的萝村人由稚童成长为老人，由出生到死去，它一件都没有落下，全都看见了。

《尔雅·释宫》中提到，“宫中衖（xiàng）谓之壸（kǔn）”。这里的衖即指小巷。巷子作为萝村文化的象征，承载着丰富的历史信息和民俗风情。清晨，小巷那头传来阵阵人声、鸡鸣与狗吠，村民和禽畜都拉开新一天的忙碌。傍晚时分，巷子里弥漫着饭菜的香气，巷子尽头的人家正围坐着用餐，谈笑风生。

小巷如同一条条时光隧道，带领人们穿越回古代，感受那份宁静与古朴。

“喳——喳——喳”，突然两只毛发金黄的鸟儿出现在墙头上。这种黄，像向日葵的黄那样明亮，让看到它们的人的心情不由得也跟着明亮起来。它们在说着我听不懂的话，声音带着清亮、和气。它们边说边相互用嘴巴帮对方梳理羽毛。我分辨不出这两只是什么鸟，可它们的出现为这个傍晚画上了靓丽的一笔。它们的喳喳声，出其不意地让我想起陈乔柏教授在《古村的守望》一书里提及的内容：一间二楼的音乐室传出口琴、横箫、笛子、二胡的演奏声，有时是《平湖秋月》，有时是《雨打芭蕉》，有时是《渔舟唱晚》……我想，那美妙的音乐一定像一道电波，迅速地抵达巷子的每一寸肌肤，久久地留在巷子的生命里。

此情此景，我又想起了那位接受我当面采访的陈树仁师长。那位在战场上善于排兵布阵的老人；那位退休后组建了玉林市机关曲艺社，社团的位置哪里空缺就补哪里的老人；那位上网为老伴购买生活所需品，坚持每周三晚上，上网课学习乐理知识，发挥活到老学到老、学一行爱一行专一行精神的老人；那位采访结束后热情地邀请我们吃饭的老人……

陈师长告诉我，他八九岁的光景，就是在村里组建的剧团充当“提词”角色，即蹲在演唱者的后面，遇到忘词的情况就赶紧出言提醒。剧团在云山寺戏台上演出的时候，他天天到位，由此从小就受到了音乐的熏陶。而他现在不论是唱粤曲，还是演奏二胡、扬琴、中阮等乐器都不在话下。他还告诉我，乔柏送给他的《古村的守望》那套书，他连续看了几天，在书里，他与熟悉的童年萝村生活不断地相遇。他最后感叹说，现在村里像他那样年纪的人，有这样的回忆的已经不多了，幸好乔柏写了下来。实际上，相差差不多20岁的陈树仁和陈乔柏，直到20世纪90年代，他们才联系密切起来。如今在书中描写的情节里，他们频频相见了。

历史的车轮永远滚滚向前，遵循某种守恒，有东西消逝，就会有东西诞生。

如今，在一些巷子里，一面是斑驳的岁月，一面是崭新的时光。新旧并存会碰撞出什么样的思绪呢？是各自活在自己的世界里无法自拔，还是接受各自的不一样呢？总有一个适应的过程吧。新墙与旧墙在岁月中迭更，好像在悄然间相安无事，又好像早已大动干戈了一场。

在历史的岁月中，巷子历经的一切最后都会成为记忆的碎片，碎成尘埃，最后消失在风中。过去的已然过去，至于未知的未来，它也不打算去盘算，不管如何，它依然是萝村独一无二的存在。

夕阳带着愉悦的心情回家。我也收拾心情，准备离开。随着身后的古巷离我越来越远，那些远去的声音，反而更加清晰地在心头回响。原来，古巷在我心里已不再仅仅是古巷了。

古巷在眼前，文化的脉动在心里。

万年桥上吟哦声

▼1928年的夏天，黄宾虹来到了木兰陂，并且踏上了这座名唤「万年桥」的石拱桥。

在细雨中倾听河流

世上很多事都无法由自己决定，对于一条河来说，同样如此。就像斗口河从源头龙门水库流出之后，没想过自己会汇入北流河，然后途经浔江、西江，最后汇入南海。

细细的雨丝，飘到水里就再也看不到自己的模样了。

斗口河上的“镬足湾” 刘军／摄

可它们依然不顾一切地纷纷潜入河里，像某种坚韧不屈的力量，让河流更丰润，更绵长。斗口河就在缠缠绵绵的雨中静静地流淌。

我站在河的什么位置呢？这里的人习惯称之“镬足湾”。简单来说，这里是河的最深的位置，像萝村人家常用的大镬头的底部。最深的地方，现在还有多深呢？身边的邓叔看了看，双手互搓一下，说，以前可深了，浪高都有几米，现在估计也就 3 米左右了。

邓叔，叫邓甲权，人称邓总，也是先在深圳发了财，回村热衷于公益事业，是云山寺维修理事会的理事。

听我父辈人说，那时，无锡国专的学生下课后经常来这里。邓叔又说。

听邓叔这么说，我的思绪竟不由自主地遐想起来，仿佛又在梦里做起了国专的学生，刚刚结束摇头晃脑的阅读，夕阳西下，他们一个跟着一个，来到了斗口河边。

傍晚，必须是傍晚，只有傍晚时分，学生才有空，也更符合学习了一天的学生出来，把复杂而凌乱的思绪交付给一条河。太阳即将西沉，又或者是正在西沉，一帮青年才俊结伴而行，大步向河畔走来，走到河边，然后游泳、戏水、散步、聊天。此时的他们和这条河坦诚相见、和睦相处。

遇见这条河，对于从无锡一路颠沛迁移过来的学生来说，是一件欢喜的事。“伤心欲绝时，我们就返归某处河岸”，这句话对于在特定时期来到萝村的学生来说，起到了安慰的效果（那时，江南遭遇日寇战火……到了这里，相当于偏安一隅，却也是矢志求学……），虽然，他们不一定记得这是波兰诗人切斯瓦夫·米沃什曾写过的话，但并不影响这句话所发挥的作用。在两年的时间里，斗口河抹去了他们的忧愁伤痛，带给他们欢欣和喜悦。

这些学生第一次来到斗口河的具体时间和心情，我不得而知。可我相信，随着他们一次次和这条河亲密地交谈，一次次在河边嬉戏、漫步、谈心，他们远离家乡对亲人的思念之痛会得到一定抚慰。

斗口河，曾留下了无锡国专学生的休憩时光。那段时光不可复制。

以前，这里河边很是宽阔，单是河面都有 20 米宽，一直延伸到那边的香蕉林。河边还有一间房，房里还有一个水碾，大家都拿稻谷来这里碾米，当然现在用碾米机了。邓叔指着镬足湾的位置说。邓叔提起以往的事，喜欢用以前开头。

雨像发丝一样悠悠地飘，邓叔戴着一顶摩托车帽，我们提醒他要带雨伞，他一摆手说，这些水毛，淋不湿身的。他刚把摩托车停放好，就带着我们走向斗口河。提起自己在深圳做了 30 多年赚了很多钱，他的语气是平淡的；提起自己的几个孩子都已经大学毕业找到了好工作，语气仍然是平淡的；可提起关于斗口河的点点滴滴，平淡的语气瞬间跑了，取而代之的是抑制不住的兴奋。那双眼睛，顿时有了光彩。

这个就是萝村邓屋的社公。邓叔指着几棵樟木和两棵相思树下的供朝拜的一处地方说。邓姓人家主要分布于指月和井塘两个组。逢年过节、红白喜事都来这里烧纸，禀报社公社婆。这里是鲤鱼地，风水宝地啊，把这条河的水都喝完了，你看，只见水来，冇见水出，附近的几个社公，这个是最好的了，出的人也多，出了一个市委副书记，是我的本家，还有，现在萝村的支书也是我的侄子。邓叔指着斗口河，声音有力，滔滔不绝。邓叔的话里更是透出掩饰不住的自豪。

邓叔口中的侄子邓建，今年 38 岁，早年热衷于经商。后来在 2017 年经镇动员和村民劝说，毅然回村当支书。平时在会议上他开口闭口都喜欢说“我们萝村应该发展得更好”。后来，在村里召开的“三月三”文化节筹备工作会议和萝村荔枝节、文化节筹备会等会议上，我都看到他忙碌的身影。

邓建一上任就立足萝村深厚的传统文化、国专文化和生态环境优势，极力推动萝村经济文化发展。从 2022 年开始，邓建带领萝村人，依托山前屋后的 141 棵古荔枝树策划打造了“北流市千年荔枝节”。2023 年的荔枝节，千年荔王的采摘权拍出了 688 888 元的高价。“荔枝节”活动的举办，不仅让集体经济收入的数字不断攀升，也让村民的钱袋子鼓起来了，还打响了萝村文化的名气。“我们要搞荔枝节，唱好文化戏，打好经济仗，让萝村世世代代的人都能吃文化的饭，赚文化的钱……”邓建如是说。

萝村走出去的和留下来的很多文化人也都认为，“文化是我们萝村之根，我们就是要弘扬国专精神，铸造读书之魂，守住萝村之根”。

细雨似针，密密地在香樟树冠上编织着。这些香樟树站在高处，长年累月地看着这条河。此刻，灰亮亮的河面上也斜斜地织着如麻的雨脚。我看到甘甜而有养分的河水滋养着这里的一切，也仿佛看到了在斗口河的哺育下，萝村这块土地成长为一块沃土，养育了长盛不衰的独特的萝村读书文化。

从指月到松间书院

我不常看地图，突然想找萝村的地图看看。

令我诧异的是，纸上的河流，既不是曲折蜿蜒，也不是一条直线，波浪线也谈不上，只见高低起伏，有点像一个穹庐，或者更像一轮下弦月。我突然想到了这个组的名字：指月。

后来，我想明白了一件事，不管它流出什么样的线路，有一样是不变的，就是它日日夜夜朝着终点奔流不停步，这种劲头和萝村人坚定认为“仕而优则学，学而优则仕”是相通的。与萝村有才华的人流向祖国大地也是相通的。从此，我不再关心它的长相。河流和人一样吧，长相是其次的，内在的守持和力量才是最重要的。

沿着斗口河边走，我们走得很慢，很艰难，有时寸步难移。河面时而窄时而宽，有时浅，有时深。有些地方，长满了杂草、灌木、竹子，拦住了我们的去路。或许，是这些树木为帮助河流考验来者对河是否真的热爱而出的难题，让来者不能轻易地靠近河流，想靠近就得费点脚力绕

指月楼古庄园遗址　刘军／摄

过去。又或者，它们是为了提醒来玩水的孩子，这个位置水较深，不能在此下水游玩。

其实，斗口河大部分在萝村指月组这边。萝村一共有11个组，指月组是其中一个。而指月组在公路的另一面。地图上，这个听起来温文雅致得像一位饱读诗书的知性女子的组名，就陪伴在斗口河的旁边。不错，指月就像是一个姑娘的名字，喊一声“指月”，河的那边就会传来“哎！”的一声，如同一个铿锵玫瑰有力的回应，如同一个紫蓝圆熟的百香果掉落水面发出的既绵软又悠远的回声。

这里原有两座房子都与“指月”二字有关。一座是在拐进萝村古村落指示牌这个三岔路口，一路通往大容山，一路通往萝村小学，一路通往长坡头。这个三角地带，占地好几亩，原是清朝五品官萝村陈氏后代陈宗翰建的指月楼所在地。据说，指月楼带有副楼，四周被荔枝树环绕。指月楼的东面就是闻名遐迩的萝村木根圩。可惜，这座指月楼在 1949 年后被拆掉了。幸好，陈柱两次邀请黄宾虹到萝村作客，黄宾虹作有《指月楼》画组五幅，让指月楼留在他的画笔下，也留在他的诗句里：

丹荔红蕉绚夏炎，夜凉深坐月纤纤。

高楼沩水楹书古，时有清芬入画帘。

（黄宾虹画作《指月楼》题画诗）

黄宾虹笔下的指月楼

陈海镗 / 供图

那时，这座指月楼也深受文人墨客的喜爱，理所当然成为了他们会聚的地方。大量的文人墨客和有识之士经常在这里吟诗作对、交流读书心得。

而另一座指月楼是一座古庄园，在现在的指月组里。很多人往往将指月楼古楼与这个指月楼古庄园混淆了，它们虽然相近咫尺，名字相似，却是两个不同的地方、两座不同的楼房。陈宗翰的清朝指月楼现已化为田地，叫指月楼垌，而指月楼古庄园目前依然残存着，遗留有旧墙基和两栋古炮楼，现在政府正在修缮。

上面这些自然是萝村的百事通陈乔柏教授告诉我的。后来，我曾进去看过一次那两座古炮楼，是邓叔带我去看的。现在古炮楼的产权所有者为邓叔家。

关于指月这个名字，我还是十分好奇的。起初我问了几个萝村人，他们都无法给予我确切的答案。直到一天晚上，在“松间书院”，我的困惑才解开了。

据说，萝村曾有五大书院，三大书楼，松间书院是其中一个书院。松间书院旧址就在乔柏教授现在居住的益兴堂的位置。现在的人都称之“益兴堂”，“松间书院”一名是不是被忘记了？我想，一定不会。桌面上端正地摆着那块木雕的牌匾“松间书院简介”就是很好的证明。

那天，蒙蒙细雨从天空上飘洒下来，没有阻止我去萝村的脚步，更没有阻止萝村乡贤要在益兴堂召开的“萝村‘三月三’文化节筹备工作会议”。

我提前半个小时到达益兴堂。桌面的《北流胜景》一书像块磁铁吸引了我的视线，随手一翻，“指月楼”三个字像一道闪电，快速地闪进我的眼帘。我有种“踏破铁鞋无觅处，得来全不费工夫”的感觉。这本书上的记载，让我瞬间醍醐灌顶：

> 指月楼名字之猜想：指月一词的典故应见《六祖坛经》，一日六祖慧能与无尽藏师姑探讨经文。慧能说：真理与文字无关的，真理好比天上的明月，而文字只是指月的手指。手指可以指出明月的所在，但手指并不是明月，看月也不一定要通过手指，不是这样吗？这就是著名的“指月之指”。
>
> （《北流胜景》）

六祖慧能，是跟北流有关的，北流就有一个六祖阁，在印塘村。六祖阁原名镇水阁，始建于明万历年间，传说禅宗六祖慧能（俗名卢惠能）曾在此地为村民讲经说法。后来，村民在石子岭处建了一间小屋，立了香炉，以祭祀六祖慧能。清代初期，镇水阁改名为六祖阁。新中国成立后，将庙改建为学校。改革开放后，当地民众在印塘金龟岭公园内重建六祖阁。

能想到用指月二字命名自己庄园的人，应该是博学而浪漫的。

指月古楼一带，古荔枝树成片。荔枝树撑起一把把绿伞，也撑起了树下的买卖，时间久了，还发展成为圩。这里地势平坦，斗口河绕村而过，还有井水清澈的古井，方便树下的人做买卖。人们为这个圩取了个很形象的名字——木根圩。当然，当时的萝村比现在的范围还要大，人口也比较集中，在民乐圩还没有成圩之前，萝村的木根圩就承担着提供货物交易场所的责任。然而，让人意外的是，萝村里还有另外一个小圩，叫塘边圩。听名字就知道，这个圩和池塘肯定脱不了关系。塘边圩在陈锡门祠前约 50 米处，一棵人面子树东面 30 多米的塘边。一个村，两个圩，还有一个壶隐铺，一点也不简单。两个圩把远的近的人们都纷纷吸引过来，这里的买卖做得远近闻名。当年，村人正因为有了财富，才能自如地支持无锡国专在萝村的日常吧。

时间总是向前，事物也总是在发展。两个圩的树木在 1949 年后被砍伐尽，原来的圩场变成了眼前的水田和公路，壶隐铺也消失无踪。

那晚的筹备会议竟开了两个多小时。一个村级的会议，中途居然没有人提前离场。会上的不管是教授、老板还是村民，都语气温和，彬彬有礼，有商有量，让坐在一旁的我感慨颇多。

木兰陂与万年桥

到达木兰陂的时候，正值人间四月天，雨紧跟着我们的脚步沙沙走来。

木兰陂在斗口河的源头龙门水库口。那里有陂，还有一座石拱桥。

我们下车往木兰陂走下去，一旁的野花野草和刚长出来的野果披着一身的绿意，也披着雨滴。令我惊喜的是，其中竟有米筛籽。我之所以能在众多的植物中一眼就认出它，是因为那在枝头上挂着的圆溜溜的果子，有我童年时代的欢乐的记忆。

令我惊喜的还有一个原因。1928 年的夏天，黄宾虹被陈柱的诗文里的故园吸引，来到了木兰陂，并且踏上了石拱桥。因此，今天我们走过的路上，曾经有黄宾虹的身影，有陈柱的脚印。

陈柱笔下，如此记载他的故园：

地势孤高石径斜，荔枝丛里是吾家。

白云叠叠重重锁，芳草纷纷簇簇葩。

楼枕青山多橘桂，园流绿水长桑麻。

老翁醉罢闲无事，随妇携儿学种瓜。

（刘小云《陈柱生平及其学术思想研究》）

黄宾虹是不是因为这些诗词而来萝村的呢？这个已经不重要了，重要的是他来到了北流，他每到一处，都会细细地“询其地名，详其古迹”。而木兰陂就是其中一处。他来到了木兰陂，有诗为证：

松篁匝径绿荫稠，影入澄潭暑渐收。

曾记木兰陂上立，小桥飞瀑倍清幽。

（《北流胜景》）

万年桥　刘军／摄

有诗又怎能少得了画呢？毕竟诗画不分家。画中断然少不了木兰陂，更少不那条石拱桥。

石拱桥，当地人称之“万年桥”。据资料记载，万年桥建成于 1922 年，是萝村邻居贺平村等十多个村的重要交通要道。这座桥由当地一位族长带领族人捐钱捐物，并组织当地能工巧匠所建。桥的两边山坡挺立，桥下河水深且猛，地势险要。万年桥现已走过一百多年的风风雨雨，依然屹立不倒，更没有半点危桥的痕迹。听说，这桥与我国著名的赵州桥采用了同种砌置工艺，但工艺难度比赵州桥更大。

为何称为“万年桥”呢？传说，每年七夕节，这里未婚的男女青年来到石拱桥谈情说爱，希望自己的爱情能经受得住万年的考验。久而久之，石拱桥就成了“万年桥”。每到阳春三月，或者秋日重阳，乃至新春佳节，总有男女青年徜徉其间。

此刻的万年桥，在雨水中变成了一幅水墨画。

我站在万年桥上，近观远眺。我好像望见了当年单孔桥下汹涌的斗口河，也好像望见了那对忘年交，望见喜欢游山玩水的陈柱，带着同样喜欢游山玩水的黄宾虹来到桥边。

河水潺潺，草木沙沙，松涛阵阵，两人在无声地切磋。却又展开了有声的叙谈，谈着谈着又开始忧思起来，担心着生逢乱世的个人命运和中华民族的命运。

那幅大气磅礴的《木兰陂》是否就是此时完成的呢？

我不得而知，可我知道，黄宾虹两次来到广西，来到陈柱的故乡，都是因为陈柱，并为此画下北流许多的山水风光图。

而陈柱当年思念家乡时以一首诗记之：

龙门斗口万山幽，鸟语樵歌共唱酬。
想见旧时游钓处，一湾春水碧如油。

（《北流历代楹联诗词精选》）

天地间，两人寄情于山水。他们游玩斗口河那天，虽是阳光热烈，可历史的风雨在无声地下着。

碾出寒光玉不如

我从海镗叔手上曾看到过一张照片，那是对一封清同治年间流传下来的诏书（扫描仿品）的翻拍。诏书的真迹，我是无从看到了。据海镗叔说，诏书诰赠宗昉父鸣皋为“朝议大夫”，诰赠宗昉母李氏及继母杨氏为“恭人”，是对陈氏家族重教明礼、教子有方的一种肯定。

据说，这道诏书当年千里迢迢送到萝村，宗昉族人在克诚祠跪接。族人接过绢丝织就、五色相间、长约 2.5 米，宽 0.4 米的诏书时的场景之庄严，一代又一代萝村人口口相传，谈之论之，都为萝村的家族被认可为家风端正、严谨、清廉而感到荣光。

这份荣光感穿越时空抵达今天的萝村人。同样被传承下来的，还有萝村良好的家风家教。

提起家风，我想起了海镗叔发给我的另一张照片。严格来说，是一张明信片的翻拍照片。

这张明信片，是陈一百在美国加州伯克利大学心理学系学习时寄给堂妹陈荔英转交给祖母的明信片。那是一张黑白照，照片里是静谧的加州大学伯克利分校校门，照片中出现几处泛白的位置刚好在树冠处，看上去宛如一只只在树梢停歇的和平鸽。这是一张见证了 1933 年陈一百在加州大学伯克利分校心理学系研读的明信片，更是见证一位远在国外求学的游子对家里祖母的牵挂和孝心。

陈一百寄给祖母的明信片　陈海镗／摄

斗口河潺潺，亦默默见证着这一切。

斗口河河面是否停靠过一条小船呢？竹排肯定有，小小的竹排在河面上自由自在地穿行。河面上时不时飞来几只白鹭、也可能是翠鸟、黄鹂，它们来到河面视察一圈又飞离。对岸的田里有一片青青待熟的百香果，还有一群牛在岸边优哉游哉地吃草。流动的水，带着竹排载走了生活在这里的人的童年、中年和老年，也载着这里大部分人的理想，流向远方。从某个角度来说，看到斗口河就是看到了北流河，北流河的身体里融合着斗口河的血液，缓缓地向北流去，流向南海。

斗口河就是萝村的母亲河。长久以来，斗口河喂养着一代又一代的萝村儿女，培养了一大批有志少年。使得萝村人才辈出，灿若繁星，又怎不是萝村人的母亲河呢？

黄宾虹笔下的斗口河　陈海镗／供图

我还知道，斗口河是一条有文化的河。河水听到过阵阵书声，书声让河水心生欢喜，派来水花朵朵。河水还看到名流大师，如巨赞法师、饶宗颐、黄宾虹……这一路走来数不尽的一个个人物，让河流有了属于自己的文化记忆。

这条几百年来细心呵护着萝村的河流，有奔放的时候，有文质彬彬的时候。而黄宾虹笔下的斗口河又是另一种形态：

泉涌云根一瓮初，奔腾深谷泻清渠。
只缘砥砺攒沙石，碾出寒光玉不如。

（《北流胜景》）

不管是哪一种模样，都是它真实的样子。

河畔的战争

这是一个阳光耀眼的早上。我再次站在斗口河边。

驻守在斗口河边的一丛大头竹在一阵风的催促下，枯竹叶从大约 20 米高处簌簌地落下，眼前层层叠叠的竹叶依偎在竹根下，天天在倾听着河流吟唱。河的另一边长满了象草，一大片的象草长得密密麻麻，走近了才发现，象草基本和我一样高。它们是当地养牛的饲料。如果不是听到鸟叫声，那些拇指般大的叶包鸟是很难被发现的。

这些漫不经心的鸟站立在草茎上，不停地环顾四周。还没等我看清它们的容颜，它们又腾空飞起。一番耳语之后，落在离我更远的象草上。越过象草，我再次走近河边。洁白的浪花拍打着河里黑黑的板石，哗哗的流水，在绿色灌木掩映的时光隧道中冲刷而出，到了深水处静静地流淌。

也许是太静谧了，我反而感觉到静谧中隐含着一种律动。是的，沉静的河水诉说着往日两岸的故事——我想起了从萝村人祖辈口中得知的一场战争。近百年来，斗口河也一定目睹了那场战争。

1929年，粤桂军阀爆发战争，战火漫延到广西北流，进入萝村。

时隔九十几年后，在一岭顶，在斗口河边，还能寻找到当年的战场。

战争在萝村打了四天四夜。广西军一再退到白水岭的一岭顶，在一岭挖战壕，广东军则驻守在指月组，架炮射击。东军久攻不下，于是派来飞机投弹，目标是一岭，投弹却落在村中的宜兴堂炮楼后背面西北角，炸弹爆炸，一时飞沙走石。

在爆炸点与炮楼之间的一棵龙眼树如同长了眼睛似的，不偏不正，挡住了飞向宜庆堂炮楼的两片主要弹片。龙眼树欲坠而不倒，至今仍顽强生长、结果，从此，萝村的“英雄树”就非它莫属！

指月，指月。莫非上天之手将弹片指偏了？总之，指月是个意味深长的名字。

我多次站立在那棵其貌不扬的龙眼树下，查看那三个大裂口，沉浸在这段据说是20世纪北流发生的最大的一场战争追忆之中。萝村真是一个神奇的地方。

另外一颗投弹落在宜庆堂炮楼前面的天井里，炮弹直插天井底。古炮楼似有神灵庇佑，竟毫发无损，皆因天井在战前排水沟已经堵塞，接着遇上雨天形成二尺深积水，导致投的弹成为哑弹。从此宜庆堂就成为幸运楼。如今，幸运楼还是好好地屹立不动在那里。

今天，我伫立在指月组的斗口河边，再次想起了这场战争，也想起了邓叔和我提起的那个神仙担山塞斗口河的传说。

这个无从考证的传说像斗口河激起的一朵浪花，灵动又神秘。传说很久很久以前，斗口河是直接流进隔壁民安镇的穿心河的。有个力大无比的神仙，打算挑两座山去塞斗口河，让河水从贺平的洋丫流出去，好让民乐萝村成为一个大穴，这样就会出现帝王将相。那晚，神仙挑着两座山启程，可挑到李村地界，耳边传来鸡打鸣的声音。神仙惧怕天亮，听到鸡啼，以为天快亮了，便把山放下。不料，守在河边的土地公公突然出现，对他笑嘻嘻地说，鸡啼是我学的，天还没亮呢！神仙听后，气恼极了，大声呵斥土地公不该开这种玩笑。神仙仍然想着继续挑山，可无论如何使劲，山就是挑不起来了。神仙气急了，只得拿起挑担向两座山顶各打一扁担，回天上去了。后来，人们看到的罗政山顶和马山顶各有一个大丫，就是神仙在那两座山上打下的印记。这个传说以其独特的魅力，在民间代代口口相传。神奇的传说与斗口河的宽厚，滋润着热爱安定和读书的萝村人，弹奏出一曲曲萝村人的生命之歌。

家山文脉永流淌

▼大容山苍苍，白水岭茫茫，万年桥下斗口河流淌。

又见故人

淡黄色的荔枝花在春分过后就迫不及待地挂满了枝头。一串串的小花，密密匝匝挨挨挤挤地聚集在一起，如同这个村世世代代密密麻麻的人才一样。它们并不因为相互间的拥挤而产生一丁点的不愉快。相反，它们和谐地拥聚着，像在低声地谈论着什么愉悦的事。偶尔，和煦的春风凑过来，花儿齐刷刷地摇摆，像大海的浪花一样起伏。不一会儿，撩人的风和来时一样，不打招呼就又溜走了。花儿们便从四处张望的神态迅速改为淡定优雅的姿态，继续耐心十足地等待着。

满树的一梳一梳的小黄花大概是在耐心地等待蜜蜂的到来。而蜜蜂怎舍得辜负这份等待呢？整片花海在召唤它们，它们肯定要准时赴约的。赴约的日子，是忙碌的，也是喜庆的。有着数百年甚至上千年见识的荔枝树开出的花朵，酿成的蜜的味道，不必说，自是与众不同的。除了甜，还会有点别的什么味道在里面吧？并不是每一只蜜蜂的一生都能拥有这样的幸运时刻，拥有这样美好的约定啊！此刻成千上万只蜜蜂聚集在一起，头顶上的嗡嗡声，渐渐汇集成一条河，一条声音的河。

准时赴约的，还有陈教授。萝村的陈教授何其多啊！这是哪一位陈教授呢？这回是陈光伟教授。

陈教授赴的约，是和萝村的约，准确来说，是他与母校的约，是与萝村小学 180 多名师生的约。

“要用卫星技术来监测地球，比如台风灾害、森林灾害……”2023 年 11 月的那一天，八十出头的陈教授，站在家乡母校萝村小学那高高的台阶上，把自己毕生所学化为十岁左右的学生感兴趣和能听明白的话语。就像天空对大地怀着满腔的热情和爱，本想狠狠地施与大地一场淋漓尽致的大雨，可考虑到大地的现实情况，不得不抑制住内心的爱，只以持续绵长的毛毛细雨来滋润大地，让大地慢慢地吸收。谁说这是一件容易的事呢？这个时刻下的雨定会让 180 多块心田发生微妙的改变，说不定哪一天这里就有科学家的种子生根发芽了呢。想到这里，已是“80 后”的陈光伟教授，内心的兴奋难以言表。是的，已是 80 多岁高龄的他，自称也是一名“80 后”，在播种科学的种子。

对！就是科学的种子。陈光伟教授在 1992 年成为享受国务院政府特殊津贴的科学家。作为科学家的他，尽管现在已经退休，但还是一名科技工作者，他为故乡撒播的就是热爱科学的种子。

其实，多年前的陈光伟教授，就已经走进家乡北流中学做了“走进亚马孙——中国科学家首次亚马孙科学探险考察”的讲座。在机缘巧合下，又走进北流高中，做了主题为“生活的河流”的讲座。我想，他必是希望通过这样的方式，为自己家乡做点力所能及的事情，为鼓励家乡的年轻学子走上热爱科学的道路而甘心做一个助推器。

此刻萝村小学的操场上，180 多张稚嫩的面孔，紧紧地盯着陈光伟教授曾与不同肤色的人打过无数次交道的脸。那是一张普通而又不普通的脸，说它普通是因为它和别的老人的脸一样，说它不普通是因为它有着与众不同的睿智和坚韧。一张一合的嘴巴，曾经对着许许多多的听众，轻松自如地用英语、俄语、汉语随意切换交流。可这次它面对的是年龄小，关系密切的小听众，多不容易啊！那双曾接过国家科技进步奖等一系列荣誉证书和奖状的手，撰写过不计其数的科学论文的手，现在正握着一只小小的话筒。话筒传出的带着萝村乡音的话语把校园的一草一木的注意力全都吸引过来了，甚至连校门外的荔枝树和天上的白云也纷纷凑过来洗耳恭听，这是一个值得铭记的时刻。那双踏遍祖国大地，踏过尼泊尔、缅甸、不丹、印度、巴基斯坦、泰国、菲律宾、美国、加拿大、澳大利亚、西班牙、巴西亚马孙流域等国家和地区，确保主人顺利进行野外考察的脚，现在同样让主人心里踏实地踏在母校这片有着别样情感的土地上，帮助主人虔诚地赴约。

活动结束后，陈光伟教授的注意力被两个相互搂着肩膀的小男孩深深地吸引了，他们时不时在耳语，目光清澈得像一潭水，让他跌入了自己深深的童年时光隧道里。

那时的自己也是这样的年龄吧，或者还小一点。那个同桌，是他的亲戚，也是他的好朋友，一起被请到一张大床上蹦跶、玩耍、睡觉。这张床的主人是一个结婚多年没有怀上孩子的大姐姐。神奇的是，过了一段时间，就传来了大姐姐怀上孩子的好消息，不知道为何，他们也跟着乐呵呵的。还有那次两人一起走出济川巷，走路去亲戚家，路有多长，话就有多长。不，话比路长多了，到了亲戚家，两个嘴巴还没有停下来的意思，像两只不知疲倦的麻雀。二年级的时候，人小鬼大的两人一起商量着改名字：他叫陈奇光，可以改为陈光伟，是光荣伟大的意思；朋友叫陈寿天，可以改为陈树仁（人），意为百年树人。之后，他们经历了很多的苦，终在北京校园相遇，像两条分离又相交的曲线，他在北京中科院读研究生，陈树仁在国防大学培训进修。之后，两条曲线又分开，直奔各自的方向，再次相交的次数就越来越少。

“陈教授好！以后我们也可以当科学家吗？”清脆的童声，把他从记忆的潭水里拉了上来。“当然可以啊！只要心中有目标，朝着目标不停地走，终有实现的一天。”陈光伟教授对着他们肯定地回答。看着两个孩子，他眼里的光让眉毛也欢跃起来。话毕，忍不住摸了摸其中一个孩子的头。孩子带着羞涩，也带着满意的答案走开了。

如今陈光伟教授和陈树仁师长，已是萝村的陈氏双雄（萝村人语）。他们都是从萝村小学走出去的学生，这所始建于1925年的农村小学，经历云山寺校迁校，现位于民乐镇萝村良田组。别的不说，单看配置有图书室、阅览室、实验室等6个功能室这一点，萝村小学早已脱胎换骨。

那天晚上，一文一武的两位故人毫无悬念地见上了面。

“嗡嗡嗡”，一只蜜蜂不知何时飞到我身旁。它打断了我的思绪之后，又继续采蜜去了，活像一个调皮捣蛋的孩子，做了坏事之后，就溜走了。陈光伟教授的约定已经结束，可树上的荔枝花和蜜蜂的约定还在继续。

这时候的我，还不知道几个月后我和陈光伟教授因萝村成为微友。在微信上，我们谈起这些事，隔着屏幕，他对家园的那份眷恋，我仍然能深深地感受到。

猫头雀

这会儿，阳光正好，天空蔚蓝，仅有几片白云来点缀偌大的天空。这是我第一次坐在老荔枝树下，在清凉的树荫里倾听来自荔枝树的声音。这些忙碌的声音，会让这些精灵接下来一年都过上丰衣足食、肥美满意的日子。

我坐的地方，是在陈柱故居的第一道门入门右侧 1 米多的位置，那棵老荔枝树下。后来，我才知道，这里传说有个风水“地气眼”。很多人说过，海镗叔也说，这个位置地面会比旁边的凹陷一点，填平后，没过几年又会凹下。海镗叔自己就亲自填平过几次，每次他都无奈地发现，又凹下去了。

那个晚上，海镗叔第一次看到猫头雀，也是在我现在坐的这个位置。

海镗叔和我说过，他住在这里的夜晚，常常听到猫头雀“咕咕咕”的鸣叫声。猫头雀就是我们常说的猫头鹰。喜欢昼伏夜出的猫头雀，白天隐匿在古荔枝树上睡大觉，夜里出来寻找食物。

那个晚上，月儿朦胧。睡饱的猫头雀，从树上飞到树下溜达。恰好，海镗叔从外面踏进家门，一人一物就在这个时候碰面了。有没有月光，都不妨碍我一眼就分辨出那是一只猫头雀，那双炯炯有神的眼睛在夜里发出夜明珠的光，它的眼睛出卖了它的真实身份。海镗叔和我提起这件事的时候，慢条斯理却又胸有成竹地说着。

整所故居就海镗叔一个人住，整棵荔枝树也是猫头雀自己住，他们见面是迟早发生的事，这个想必他们心中都有数，只是想不到的是，他们第一次见面却像见了无数次一样自然。从此，在这里安家的猫头雀和常常从香港返回的海镗叔见面的次数越来越多，猫头雀数量也越来越多。

猫头雀多了，是不是一个好事呢？拿不准。本地一位80多岁的老人家就说不好。

去年中秋节过后的一天黄昏，我从陈柱故居出来，在通往后山的那条水泥路上遇到她。花色的布帽子下的头发已经花白，消瘦的脸庞，使得颧骨更加突出。她看向我的眼神有点茫然。我问了一句：“阿婆好，这里虫鸟多吗？”她好像一下子被魔怔了，几秒钟后才回复我：“有的，猫头雀也有，我不久前还听到它笑过。它一笑，我伙计就走了。”她嘴里说的伙计，指的是她的老伴。那时，她的老伴刚走没几天。

从此，我知道了这里流传着关于猫头雀的传说：如果猫头雀笑，就预示着有人去世。这里的人说，不怕猫头雀叫，就怕猫头雀笑。

当天晚上，我查找资料得知：当人生命将终结的时候，体内的电解质会加速分解，然后发出一种特殊的气味，这种气味会吸引嗅觉灵敏的猫头鹰前来寻找食物，而猫头鹰闻到气味却找不到食物，便会发出焦急的声音，这种声音听起来和笑声一样，为此，有些地方把猫头鹰称作“报丧鸟”。而在古书中，把猫头鹰称为怪鸱、魑魂、流离，当作厄运和死亡的象征。

尽管这样，猫头雀对生存环境却有着独特的要求，它们喜欢选择森林、湿地等安静、隐蔽的地方栖息。能让猫头雀留下来安家的萝村，说明生态良好。

独居的海镗叔喜欢在夜里走动，渴望碰上突破常规的事物，渴望世界的暗物质为自己开一点门缝。我从未想过，将近七十岁的他，探险的心态，还是一如既往地跟着他。作为陈柱的侄孙，陈二百的儿子，他也常常坐在作为厨房的小侧房里沉思，偶尔翻找小书柜里的陈旧书籍，一点点地查看、整理，重新摆放。

夜里，海镗叔在村里走了一圈后，又回到屋后古树下。他熟知古树的夜晚同样热闹非凡，有着属于夜晚的秘密。在摸黑中，他放轻脚步走近古树，自由自在地享受着只有他一个听众的音乐大杂烩。表演者有松鼠、猫头雀、青蛙、昆虫等，这么多表演者中，他最喜欢猫头雀，喜欢它的灵动，够凶恶，是生物链之顶。他和动物们相处、说话，如同对人一样谦和。

“这是高级的音乐会，而且还是包场那种。”海镗叔对我说这话的时候，好像夜晚看到的景象就在眼前一样，万分陶醉。“我也享受着一个人的生活，萝村能引起文化人的注视也是我享受的一部分。”每次谈起萝村，他那双眼睛都是亮晶晶的。我用羡慕的眼神望向他，他对我点了点头后，便转身，又忙别的事去了。

卷叶莺

海镗叔与树上的猫头雀碰面是在晚上，与树下的卷叶莺碰面则是白天的事了。

这个时节，荔枝树的花朵早已退场多时，枝头上唱主角的是逐渐变红的荔枝。在太阳的照耀下，荔枝一天一个样，由微红到醉红，等到红艳艳的时候，就达到了成熟的最高峰。而萝村荔枝文化节和旅游节就等着这些荔枝发出邀请和召唤。

这些荔枝像一枝枝燃烧着的烟花，照亮了萝村微信交流群。驻守在家的人，把荔枝的图片、视频发到群里，诱惑着离家万里的人，惹得在外的人纷纷说，想念家乡荔枝的味道了。谈了荔枝，必然会谈到萝村的发展。接着，出谋划策的主意就像生黄豆在烈日下暴晒到九成熟后从豆荚里“蹦”的一下，纷纷跳了出来，谈论的议题有古荔枝树急需品种改良，有大容山原生态植被的保护、培育和发展，有古屋古墙的维护修缮……群里热闹极了，也忙碌极了。

处于忙碌之中的，还有陈柱故居后花园的金花茶树下的卷叶莺，它正忙着孵蛋。

海镗叔带着我走进后花园的那一刻，他的脚步自觉地放慢下来。原本说话分贝不大，这下压得更低了，好像声音再大一点就惊扰到那只正在孵蛋的妈妈似的。说起卷叶莺到故居来做窝并繁殖后代这件事，他脸上的笑容一直不肯离去。后来，海镗叔还自作了一首打油诗来表达他的喜悦：

小鸟喜雅居，
织巢绿叶间。
夫妻倾全力，
望儿早高飞。

“你看，那个鸟窝，上面一片叶子遮盖住，下面两片叶子用蜘蛛丝缝补在一起，建成鸟窝，窝底下还有一片叶子托住。”海镗叔抑制住兴奋，悄声地说着。见我还是找不到，他便蹲了下来，继而伸出右手的食指朝着那个小小的、难以被发现的隐蔽处指了过去。

天啊！鸟窝上面真有一片叶子作为天然的屏障，防日晒也防雨淋，不仅防天敌，连我也防住了。下面的两片相对的叶子，做成一个小巧玲珑的窝，那两片叶子要细细看，才发现一排针孔，就像缝补衣服的针脚一样整齐。底部那片叶子恰到好处地托住窝的最低处。直到此时，我才知道身体小巧的卷叶莺，体内蕴含着巨大能量。

我看到的卷叶莺妈妈，正静静地坐在窝里。而海镗叔用目光全程参与了它亲自做窝的过程。他躲在一旁静静地看着，看着头顶像戴着一顶棕色的帽子，身上披着橄榄绿羽毛的卷叶莺，用细长弯曲的嘴，在脚的配合下把叶子合卷起来，在叶子边缘用嘴钻些小孔，然后将蛛丝穿过去，一针一针地把叶片缝成一个口袋形的窝巢。

看着身边兴致盎然的海镗叔，我脑海中，却闪过一张照片，一张剪刀的照片，那是一把旧式的剪刀，一把采用钢与铜做材料，手工打造而成的，却造型精美又锋利的剪刀。

那天，在一旁悄然地看着卷叶莺妈妈做针线活的海镗叔，是不是也会想起了那把剪刀，想起那位用这把剪刀做针线活为家人补贴家用的母亲呢?

20 世纪 30 年代，殷富人家的罗家女儿出嫁到名门望族的萝村陈家。这个家父亲早逝，家里的长子早早承担起家庭重担，长年行走在云南贵州做生意赚钱养家，让一家人的生活慢慢地越来越好。妹妹出嫁时，置办的丰厚嫁妆中有一套裁缝工具，包括剪刀、铜尺和碳烫斗，意在让妹妹学会一门受益终生的手艺。事实上，在农村合作社时期，学会裁缝手艺的妹妹凭着手艺和这套工具，进入生产大队的三人缝衣组，避过艰苦的农田劳动，不至于累饿病亡。更重要的是，在家里遇到困顿时，她靠这把剪刀破除困难，通过缝补衣服帮补家用。毫不夸张地说，这剪刀陪伴主人度过人生中多次危难时刻。

这位妹妹就是陈二百的妻子，海镗叔的母亲。现在，这把剪刀，海镗叔当作一件宝物收藏了起来。他曾告诉我，日后，等建好村中的民俗博物馆，他才舍得把这把剪刀捐献出来。

“卷叶莺，又喊裁缝鸟，缝叶鸟，它是一种非常聪明灵巧的鸟。我们走远点，不要妨碍它了。”海镗叔的话把我的思绪拉了回来。

之后，海镗叔天天都到后花园这里，见证了鸟蛋变为鸟宝宝的经过，直至目送一家几口离巢高飞，如同当年他的曾祖父陈开桢，也曾看着满堂儿孙远离故土外出求学。

捡拾古书

我走进门，海镗叔不在。小小的厨房里煲着汤，那只不锈钢铁锅在蓝色火苗的鼓动下，正欢快地吐出“咕嘟咕嘟”的声音，冒出的袅袅蒸气裹着香味徐徐上升。水蒸气一会儿就消失了，香味还在久久环绕。

我找到海镗叔的时候，他正在厨房侧门后面那棵米籽兰树下捡虫子。是的，海镗叔正在从大米里往外捡虫子。白花花的大米里，竟然长了虫子。干脆全部不要就可以了，这多费时间啊！我不屑一顾地说。这怎么能行呢？这么好的大米，没保管好，让它长了虫子，已是我的不对了，还因为有虫，丢弃它，那我岂不是错上加错？海镗叔说的是米，又好像不是。一向温和的海镗叔，这次脸上竟有了愠色。不知是在自责没保管好大米，还是责怪我居然有这个不懂得爱惜的想法呢？也许两样都有吧！

我吐吐舌头，不再说话。默默地看着他，把一条条的米虫捡掉，丢在泥土里。吃米的虫子没有米吃了，会不会改为吃泥土呢？

也许他觉得自己刚才说的话重了些，随后，笑容重新出现在那张熟悉的脸上。等着，我畀（给）点东西你睇睇（看看），是否对你写作有帮助。他看着蹲在一旁的我说。说完，他便走进厨房，把去掉虫子的米重新装好，我自然是跟着他走进厨房。我心里当然不会计较，反而觉得自己频频来打扰他，有些内疚。

厨房一面墙上的一幅画吸走了我的视线。我不知道这幅画是新挂上去的，还是我现在才留意到它。画里一个几岁的穿着中裤的小男孩走在左边，他的左手还搂着一只布玩偶，玩偶是一只熊还是一只狗呢？和男孩并肩走路的是一只大鹅，一人一物，不约而同地同时迈开左腿，步调一致，眼神还对视了一下，走在一条黄土路上，那应该是一条乡间的黄土路吧？这幅画的人物是背对着看客的，没有看到人物的正面，留给看的人无限的想象空间。

我小时候也像他一样，也赶过鹅。只是，他手里拿着的是公仔，我手里拿的是竹竿。不过，我的竹竿很少赶鹅，鹅会和我一起走路回家。海镗叔边翻找东西边说。

原来动物一直没有离开海镗叔。小时候是鹅，现在换成别的动物了，像猫头雀、卷叶莺、蜜蜂，都纷纷来这里安家，甚至还有米虫。原来动物比人更有灵性，感知到哪样的人是善良的。

他继续在那个书柜里翻找。那个书柜，我一点都不陌生。那是一个木书柜，分成上中下三层，翻找的时候需要打开柜门，柜门镶有玻璃，可以从外面看到里面的书籍。之前他借给我那本《陈柱生平及其学术思想研究》就是从这里找出来的，林白来到萝村的那天，那本要请她签名的《北流》也是从这里找出来的。还有那两只猫头雀模样的笔筒同样放在这个书柜里。这回他想找出什么来给我呢？哎呀！我想说的是，这个书柜就是个百宝箱，每一次都给我带来惊喜。

一旁的长条凳子上放着一些纸质泛黄的旧书。最上面那本封面出现三行竖排的老体字，书名是：國學概論（上）。翻看第一页，里面盖着一个鲜红的私人的印章，印章上的字是：陈二百印。噢！原来海镗叔在整理父亲的藏书。

看！这张奖状。这是无锡国专时期的奖状，没见过吧？海镗叔的脸上有着称心如意的神情。好像奖状上表扬的是他。虽不是他，但也与他有着亲近的关系——那是他荔英姑姑的奖状啊！我接过海镗叔递给我的奖状，满心惊喜。这张奖状，实际是一张薄薄的纸，奖状的内容是：

学生陈荔英，在本学期内，孜孜勤学，未尝缺课，深堪嘉许。此后务希益加奋勉，实所厚望。合给奖状为证！

无锡国学专修学校校长　唐文治

中华民国二十四年二月

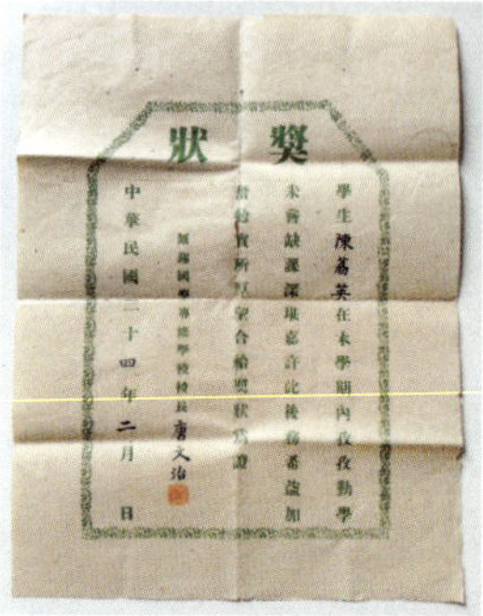

陈荔英读无锡国专时期的奖状 陈海镗／供图

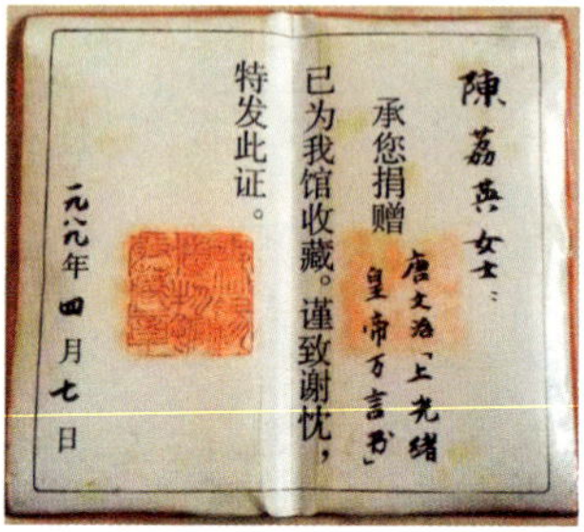

陈荔英将无锡国专校长“上光绪皇帝万言书”手稿捐给无锡博物馆 陈海镗／供图

这是一张跨越了将近 90 年的奖状。唐门弟子中，唐校长特别喜爱陈荔英，爱屋及乌，也特别喜爱陈荔英的丈夫崔龙，把他当年上书光绪皇帝改革教育的万言书稿也送给崔龙。后来陈荔英把这份书稿捐给了无锡博物馆。

奖状的主人走了，可奖状还在。那一本本承载着记忆的书籍，海镗叔久不久地拿出来翻晒，捡拾。他看的不是内容，看的是亲人留给他的记忆啊！

我猛然想起一段话：人的离世有三个阶段。第一个阶段是一个人的生理死亡，这个时候的人是生物学意义上的死亡；第二个阶段是葬礼的举办，意味着社会意义上的死亡；第三个阶段则是被人遗忘，如果世上没有一个人记得他了，他曾经所做过的一切都被人遗忘，那么才算真正意义上的死去。

这次碰面，海镗叔解开了我困惑已久的东西。

守住萝村之根

踩着午后的阳光，顺着脚下的路，我重新在云山寺走了个来回，把里面的角角落落，一树一草都看了个遍。最后，我站在几度重修的云山寺前回望这个建在祥云上的寺庙。云山寺的大门一如既往地日夜敞开着，迎接着每一位诚心诚意到来的香客。或许这里很多东西都已不复从前，可云山寺的上空却久久地回荡着一句话：巨赞法师曾来过这里。

走到益兴堂，想起乔柏教授说的他父母七进七出萝村的事，那会不会是一种爱之深恨之切的情感呢？当我被这种情绪缠绕的时候，又路过济川巷，看到了陈光伟教授的故居。老房子现在成了一户人家的菜园，菜园里站立着一棵高约 3 米的树叶浓绿的降香树，它是不是在守望着故人的再次归来呢？

我又一次来到了千年荔王的树下，原先挂满“红灯笼”的荔枝树，果实已经全部落下，一只都不剩，剩的是一个空落落的怀抱。站在树下，我内心深处对大自然的敬畏又加深了一层。

准备离开的时候，接到萝村陈芸稚大姐——一位退休老教师的电话。电话那头传来中气十足的女声，丝毫感觉不到她是接近 90 岁的老人。她和我说起，无锡国专在萝村办学的时候，自己也就三五岁。印象最深就是国专的学生在辅邦祠堂演出，去她家里借琴和藤条沙发。她的振西

乔林堂　刘军 / 摄

八叔把骥（她的弟弟）骑在他的肩头上，到辅邦祠堂看学生演出。演出回到家，弟弟告诉她说，看到演出时有打日本鬼子的场景，有枪有火光还以为是真的打仗了，心里害怕极了。“其余的我就记不住了。抱歉，让你失望了，对不起了。”电话那头一直传来因不能记起太多的事情而深感抱歉的声音。“不过，后来我长大一点后，看到很多墙上都写有‘有眼不识字，等于半瞎子’等标语，这是无锡国专学生留给萝村人的训诫，这是很好的精神财富。还有就是，无锡国专学生远离战火，远离家乡到边远的萝村上学，这段历史让萝村上个世纪四五十年代的青少年受到深刻的影响，后来很多都成为了老师。”电话那头的声音让我感慨万千。

受到影响的，又何止二十世纪四五十年代的青少年这些人呢？过后，我才得知，陈芸稚大姐的父亲陈拔庸在20世纪30年代在上海读大学，从而有机会接触到进步的民主思想，把民族和国家的命运牢记在心。在日寇铁蹄疯狂地踏进广西时，他回到家乡联络乡绅带动各地群众捐款捐物支援抗日。老房子乔林堂墙上的那句话：“乔高终出谷，林密且栖身”，就贴切地表达了陈拔庸的志向。

萝村人无疑是有志向的，这种志向更多地体现在读书成就功名事业上。单拿离几步之遥的进士屋来说，就非同小可。

进士屋的名字是源于陈奇妙的祖先陈开元（字梅洲）

在清朝道光庚戌年间中了进士。朝廷授予这位 26 岁的进士一块“进士”牌匾，从此牌匾被高悬在大门之上，从此府第被乡里称为“进士屋”。

进士屋，建于清朝道光年间，房子主体有三进，从头进、二进至三进，坡度都很大。各进两边都有侧廊连接，墙顶壁画绚丽多彩、寓意深远。大门高大雄伟，配有推条门（俗称推栊），内有坚固厚实的木板门，门头上高悬着红色金字的“进士”大横匾。大门对面有一堵照壁，高 2.5 米、宽 12.5 米、厚 0.4 米，站在大门口眺望远方，可以看到一座笔架山，仿佛象征着进士屋世世代代都是书香门第，源远流长。实际上，进士屋的陈氏家族也确实如此。

开元长子恩曾是清朝光绪太学生，次子恩隆是清朝光绪优庠生（甲等秀才），三子恩祺是清朝光绪文庠生。孙子拔萃是清朝光绪文庠生。开元后裔现有男女共 120 多人，受过高等教育的就有五十多人。前文提及的陈奇妙，陈奇树，陈奇勇，陈京红，都是从进士屋走出的英才。

读书开启了萝村人的智慧，也开辟了萝村人的新天地，所以萝村人世世代代走出家乡的人络绎不绝，他们在广阔天地和各行各业建功立业，也反哺家乡。少小离家终生求学的陈柱曾写道：“文字虚名何足道，家园旧景不能忘。”足见一个饱学之士对故园家山的爱之深切。拥有这样的读书人的萝村，是智慧的，也是富有生命力的；而拥有这样的家园的萝村人，则是幸运的，也是幸福的。

进士屋　刘军 / 摄

大容山苍苍，白水岭茫茫，万年桥下斗口河流淌。抬头仰望，耀眼明亮的阳光把整个扇贝一样的白水岭拥入怀中，也把萝村拥入怀中。在山山岭岭间，在悠悠河岸，在古城墙古炮楼边，在房前屋后的古树上，群鸟在自由自在地飞翔，也在无所顾虑地鸣啭，它们唱响的是故乡之歌，也是灵魂之歌。

后记

整整一年，我一次次走进萝村，用脚步丈量这座古村落的寸寸土地。春去秋来，我想，我能记住与萝村共处的这段日子。而那些被时光之手拂过的古宅、古树、古巷、古井……如同我见过的萝村人，永在我心间。

书稿即将付梓之际，2024 年 12 月 17—22 日，6 集纪录片《风雨国学魂——寻找无锡国专》在 CCTV-9 总台央视纪录频道播出。无锡国专的办学精神，师生们“正人心，救民命”的形象，正以更快速的方式传遍四海。

昔已往矣，来者可追。那些曾在萝村无锡国专旧址就读的学子已走远，他们从萝村走出，走向更广阔的空间，却也给这方天地留下诸多怀念，无形间加深了此地尚文的风气，使一方文脉丰盛，绵延至今。

多希望自己能有一支妙笔，真正写出萝村的精髓和神韵！但相信只要你来，在永康堂前伫立，在千年荔枝树下静坐，一定可以意会万千。

本书得以创作并顺利出版，聚集了很多人的智慧和力量。陈乔柏教授、陈海镗先生为我讲述了很多关于萝村的记忆和故事，是我进入萝村精神内核的引路人。无锡市国专研究会的武频圆老师，向我提供了关于无锡国专的珍贵资料，拓展了我对萝村的认识。陈奇妙教授，陈光伟教授，陈树仁师长夫妇，陈芸稚老师，陈安老师，陈振媛老师以及她的女儿雷爱芸女士，还有陈汉忠教授，这些萝村籍在外学子以及陈了瑞夫妇（三哥三嫂）、邓甲权、陈小军、邓建等萝村乡亲，他们分别和我分享了他们宝贵的回忆，接受了我的当面或电话采访，使萝村的世界在我的眼中越来越清晰。梁晓阳老师为我联系了相关人员和部门，还就书稿提出了许多宝贵的意见和建议。阳春德泽，点点滴滴，是“我的萝村”不可分割的重要组成。深深感谢。

刘军、翊明老师分别为这本书拍摄了照片，北流市图书馆、方志办、林业局、住建局、水利局等单位为我查阅档案资料给予了充分的支持，在此，我谨向他们一一表示谢忱。

这本书肯定存在着遗漏之处，诚望专家读者直言指正。希望这本书的出版，能引起更多人对北流历史文化的关注，更多地了解北流，喜欢北流。期待有一天我们在萝村的千年荔枝树下相见，一起感受来自岭南山间的清风。

主要参考资料

1. 光绪《北流县志》，光绪六年（1880年）。
2. 民国《北流县志》，1935年。
3. 苏州大学（原无锡国专）广西校友会主编，《无锡国专在广西》，1993年。
4. 刘桂秋，《无锡国专编年事辑》，中国大百科全书出版社，2011年。
5. 无锡市梁溪区档案史志馆、无锡市国专历史研究会编，《振起国学录》【无锡国专图文史料（1920—1950）】，广陵书社，2023年。
6. 陆阳，《无锡国专》，凤凰出版社，2011年。
7. 刘小云，《陈柱生平及其学术思想研究》，中国社会科学出版社，2015年。
8. 覃富鑫，《原汁原味话北流》，中国戏剧出版社，2009年。
9. 覃富鑫，《北流文史大观园》，线装书局，2011年。
10. 政协北流市委员会编，《北流文史》第三十六辑，2020年。
11. 乔柏，《古村的守望》，广西师范大学出版社，2015年。
12. 乔柏，《古村的回望》，现代文化出版社，2022年。
13. 乔柏，《古村的希望》，现代文化出版社，2022年。
14. 乔柏，《古村的渴望》，现代文化出版社，2022年。
15. 中共北流市委宣传部编，《北流历代楹联诗词精选》，2017年。